社群学习

1
打通学与用的关口
关于社群学习要说的话
1.什么是社群学习
2.兴起原因 3.学习原理
5.六大目标
6.学习标准

认识线上社群学习 2
1.理念 2.效应
3.三种典型模式

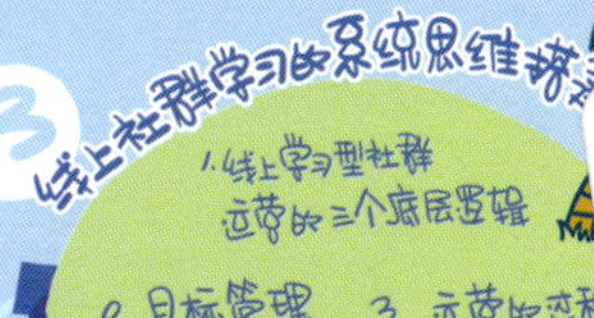
3
1.线上学习型社群
运营的三个底层逻辑
2.目标管理 3.运营的过程

群学习的增长策略
与吸引流量
激发信任
与持续裂变
U0401529

5

1.线上线下混合式社群学习
2.新兴社群学习形式
线上线下混合式社群学习及新兴学习形式
11
10
线下社群活动的实施
1.活动前准备
2.活动中实施
3.活动后总结
9
线下社群学习不同内容的活动设计
1.概念性内容
2.流程性内容
3.陈述性内容
4.原则性内容
5.技能类内容
6.心态类内容
8
线下社群学习的各环节活动设计
1.开场活动
2.练习活动
3.复习活动
4.结课活动
线下社群学习的内容讲授设计
7
1.导入
2.知识点
3.解释
4.强化
1.目标管理
2.主题确定
3.要素确定
6
线下社群学习的过程策划

社群学习

吴河图　杨帆／著

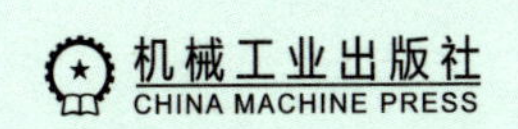

本书为所有知识分享者和社群组织者所写，介绍了线上、线下，以及线上线下混合式社群学习活动的理论和底层逻辑，并通过介绍翔实的操作流程和案例，为开展社群学习活动提供了具体的指导原则、操作方法，以及场景化的示例。本书旨在帮助知识分享者和社群组织者运用这些理论和方法，提高社群学习的有效性，从而推动社群学习活动更加务实高效，并为学习型组织和学习型社会的建设提供力量。

图书在版编目（CIP）数据

社群学习／吴河图，杨帆著. —北京：机械工业出版社，2020.11（2021.3 重印）

ISBN 978-7-111-66844-2

Ⅰ.①社… Ⅱ.①吴… ②杨… Ⅲ.①学习型组织-研究 Ⅳ.①C936

中国版本图书馆 CIP 数据核字（2020）第 207371 号

机械工业出版社（北京市百万庄大街 22 号 邮政编码 100037）
策划编辑：朱鹤楼　　责任编辑：朱鹤楼　解文涛
责任校对：李　伟　　责任印制：孙　炜
北京联兴盛业印刷股份有限公司印刷
2021 年 3 月第 1 版第 4 次印刷
145mm×210mm · 8.125 印张 · 1 插页 · 126 千字
标准书号：ISBN 978-7-111-66844-2
定价：59.00 元

电话服务
客服电话：010-88361066
010-88379833
010-68326294

网络服务
机　工　官　网：www.cmpbook.com
机　工　官　博：weibo.com/cmp1952
金　书　网：www.golden-book.com
机工教育服务网：www.cmpedu.com

封底无防伪标均为盗版

序言一

这本书从有写书的想法到出版大概经历了两年时间，经历的是“达·芬奇式”的拖延，因为我在写作过程中不断地读书、学习、实践，发现前面写得不够好时则推翻重写也成了常事。最终，我和杨帆老师利用2020年上半年这段闲暇时间一鼓作气写完了这本书。

我从2016年开始做读书类社群，苦于没有外界指导，全靠自己摸索，不断试错修正，因此很长一段时间都处于迷茫状态。如今我把这些年的学习成果、实践经验一股脑都写在本书中。写作时我尽量去提炼原理和方法，以便于读者能够直接套用或者获得启发。

这本书的写作让我感到很兴奋。我在想这本像教材一样的书是不是可以解决就业问题呢？比如匹配像社群运营官、课程开发师、翻转课堂培训师等这样的岗位。如果能，简直太好了！

我不认为这本书只适合学习型社群的管理者读。以行业知识为切入点，用社群学习的方法来增加客户黏性是目

前市场经济的趋势。律师讲法律、医生讲养生、蛋糕店讲DIY、服装店讲美学……很多兴趣导向的社群是企业的商业行为，如果你正寻求这类知识，那么这本书正好可以帮到你，让你的课更有趣，让你的群更有料，让你的客户更有感。

无论做什么行业，社群都值得探究。基于社群学习的商业模式正在快速迭代、完善，以行业知识为切入点的社群连接变得黏性更强，原因是想学知识的人比一般人有更强烈的探索需求，并且通过知识连接的人脉也更加纯粹。由于存在信息不对称，每个人都成为学习活动的发起者。

让忙碌的成年人去学习本来就是一件困难的事，于是基于学习原理就出现了很多学习套路，目的就是让学习变得高效、自主。这几年知识付费迅猛发展，人们的碎片时间不断受到冲击。大多数人听了很多音频课、看了很多视频课，完成的是“从不知道到知道”的过程，但是学习的初衷却不仅仅是增加知识储备、增加谈资、教授他人、获得启发，更多的是想要“从知道到做到”，通过行为的改变影响结果，让自己和他人受益。社群学习的设计一定是指向行为改变、知识落地的，但是很多社群还是停留在“知”的层面，没有进入“做”的层面和“行”的层面。

我喜欢组织活动、喜欢分享，更喜欢创新，这是我这几年的职业内容。我于2017年提出翻转师（翻转课堂培训师）概念并开发课程组织培训；于2018年基于樊登读书会发起各类兴趣俱乐部，让很多人找到了心灵寄托；于2020年提出沉浸式光影读书会这一理念，用科技手段呈现人物传记，这变成了K12项目，使大语文课在剧场中轰轰烈烈地上演。在这个过程中，我不仅帮助很多人从“知”到“行”，改变了人生轨迹，我也从中收获了巨大的快乐。

社群学习之于我就是平凡生活的英雄梦想，梦想可抵岁月的漫长。

希望本书能给你带来行动的方向、方法，但又不拘泥于此，要大胆创新，勇敢迭代。

生活原本沉闷，但跑起来就会有风。

吴河图

2020年8月30日

序言二

这是一本融合了市场营销、社群运营、教育、课程设计与学习活动设计等理论的书。

这是一本人人都可以阅读的书，因为人人都是学习的发起者。如果你是知识分享者、社群组织者，更需要阅读本书。

我曾经写过一篇文章叫《这是个能者为师的时代》，说的是当今社会人人都可以成为“老师”，只要大家的信息不对称，你就可以成为老师。于是我们看到了会插花的人可以成为老师，会烹饪的人可以成为老师，会打球的人可以成为老师，会健身的人也可以成为老师；于是很多人看到了知识分享的风口和红利，投身于知识分享之中，但是关于如何分享、如何通过知识分享获益又成了新的问题。

早在 2018 年我和吴河图就有一起写一本书的想法，但是写什么、怎么写，在当时还很模糊。不过这个想法却像种子一样种在我心里，等着发芽、开花、结果。

吴河图继续运营读书类社群，我继续在培训课堂上耕耘。直到2020年年初，我们又一次说起这个想法的时候，依然很兴奋，而且很快统一了想法——决定写一本关于社群学习的书。

我对社群运营的实践大概从2015年就开始了。那时候，我先后在线上开设了几个训练营，当时主要是在微信群里用语音讲课、布置作业、答疑等，可应用的平台和社群运营的手段比较单一；后来随着小程序的应用及社群运营的底层逻辑越来越清晰，社群运营的体验感越来越好。尤其在2020年年初，在很多人“宅”在家里的这段时间，我又开设了关于沟通、课程设计、微课制作、社群运营等方面的线上社群训练营，取得了非常好的效果。

这几年，我也陆陆续续开设了一些线下训练营，也参与了一些线下活动的策划和组织工作，并且担任了樊登读书黄豆学院翻转师认证训练营的主讲老师。可以说，通过这几年社群运营实践和相关教学活动的经验，我总结出一些线上、线下学习型社群运营的规律，很希望把经验分享出去。

在这几年期间，吴河图也一直在做知识分享，同时辅导了很多人参与线上、线下知识型社群的运营，他在全国各地做分享，也培养出了一批会做社群运营的领读者，将

线上线下社群学习弄得红红火火，影响力很大，从中积累了很多自己独到的经验并形成了见解。

做过的线上、线下社群学习越多，我们越感觉到帮助人们学习的意义太重大了。

对国家、民族来说，学习能够提高整体国民素质，能够为国家发展、民族振兴提供高素质的劳动力，能够助力实现伟大的中国梦。

对个人来说，学习是提高自身能力的重要途径。以前，学习领域的主要矛盾是人们对知识的需求与可供给渠道之间的矛盾，人们对学习有渴望，但是学习的渠道比较少，主要还是集中在正式学校、电视大学、书籍等渠道。而最近几年，伴随互联网的兴起，学习的渠道越来越多，各种学习平台、App 如雨后春笋般涌现，知识获取变得更容易，但是与此同时，学习领域的主要矛盾变为知识获取与使用之间的矛盾。虽然人们可以随时随地利用互联网参与学习，但是如何应用学到的知识并让其产生价值，进而改变人的认知和生活，变得更为紧迫，学习者需要外力的帮助。

回想这几年，我和吴河图做的不正是这件事情吗？

我们一直在帮助人们学习。不管是线上社群学习还是线下社群学习，我们都在不断地尝试应用各种方法和手段。

我们遇到过一些困难，也有过一些高光时刻，这些经验是非常有价值的。同时，我们也对社群学习的底层逻辑进行了大量研究，尝试用一些理论来解释社群学习某些活动的有效性，并且再用来指导社群学习。

现在从事知识传播的组织和个人越来越多，而且几乎所有人都可以发起社群学习，但是很多社群学习的效果并不理想，这在一定程度上打击了学习者的积极性，也令学习活动的组织者非常苦恼。

从未来的趋势看，社群学习将是正式学校学习的有益补充，是人们终身学习的重要途径。同时社群学习也是很多生意的入口，越来越多的人通过社群营销来推广品牌和产品。我们正在经历一个伟大的时代，中国人愿意花比以往更多的时间投入在学习上面；我们乐见很多人在公交车或地铁上听书、看书，我们更愿意帮助人们进行能够“学会”的有效学习。

学习的有效性将极大提高人的自信心和学习效率，进而提高人的素质。我们一直信奉学习不是让人们更自卑，而是更自信；学习不是痛苦的事情，而是快乐的事情。本着这样的出发点，我们将几年的经验萃取出来，集合成书，希望对所有知识分享者、社群组织者有所帮助。

在写书的过程中，我们遇到了很多困难，包括时间上的、能力上的、精力上的，我和吴河图两个人互相打气、分工合作，历经半年多时间总算完成了这样一部作品。本书肯定有很多不足和疏漏之处，希望获得您的批评指正。

特别要感谢机械工业出版社朱鹤楼编辑的严格把关和不吝指导，感谢阿翔及其所带领的优视觉团队为本书绘制插图，也要感谢我们的家人和朋友给予的大力支持与理解。

杨帆

2020 年 7 月 24 日

目 录

第一章

打通学与用的关口——关于社群学习要说的话

随着互联网技术的普及，学习已经突破时空限制。人们不再拘泥于课堂学习的形式，而是可以随时随地学习，线上学习、自主学习变得越来越普及，但是这种学习往往是碎片化的、不系统的、点状的，流于知识表面的，并不能把学到的知识有效地嵌入学习者的知识体系中去。为此，我们需要打通学与用的关口，提高信息输出与转化的效率，这就需要以某种方式对学习者进行“催化”。

同时，随着信息传播速度以指数级增长，信息以爆炸式传播，人人都是信息传播者，人人又都是信息接收者，随之而来的是以人群聚集为特征的团队学习开始取代个体学习。于是，一种新的学习模式——社群学习应运而生。

第一节　什么是社群学习

在了解社群学习之前，我们先要统一关于“社群”这一概念的认识。

一般社会学家与地理学家所指的社群（Community），广义而言是指在某些边界线、地区或领域内发生作用的一切社会关系。它可以指在实际的地理区域内发生的社会关系，也可以指较抽象的、思想上的关系。除此之外，英国社会学家彼得·沃斯利（Peter Worsley）也曾提出社群的广泛含义：社群可被解释为地区性的社区，用来表示一个有相互关系的网络；社群可以是一种特殊的社会关系，包含社群精神或社群情感。

在我国，新兴社群是随着微信的出现而出现的。随着微信开通了群组功能，大家或主动或被动地出现在一个个社群里。

社群是由一群具有强烈的身份认同和归属感的人组成的强连接关系的社交部落，通过圈层化互动和体验实现共享和互利。比如，大家可能有老乡群、同学群、爬山群、健步走群、学习群、育儿群，甚至化妆群、穿衣打扮群等。

这样的社群不仅出现在网络，还出现在线下，所以，本书所说的社群既包括线上社群，也包括线下社群。

1. 社群的特征

社群有自己的特征，主要有：由具有相同爱好或者价

值观的人构成，有主题、有群规、去中心化等。

（1）由具有相同爱好或价值观的人构成

每个社群都是由具有相同爱好或者价值观的群体构成的。比如马拉松群是由一群马拉松爱好者组成的群，大家可以在群内探讨跑步技巧、注意事项、赛事等，实现了信息在一定范围内的流通。

（2）有主题

为了诠释群的意义或者只为了区分不同的群，几乎所有的群都会有一个主题，并且围绕这个主题进行命名。

（3）有群规

为了保证群内信息的纯净、不占用群成员更多的时间，通常情况下社群都会设定群规。成员如果违反群规或者有其他不符合规定的行为将会被强制性地移出群，这是社群生存的基本规则。

（4）去中心化

社群是去中心化的，每个人都可以建立社群，每个人既是内容的贡献者，又是内容的获得者。

2. 社群的意义

社群的出现不仅实现了人的聚集，而且这种聚集还带来了新的意义。

（1）社群带来了底层社会关系的重建

虚拟的网络和重建的人际关系打破了我们对人的既定社会定位的认定，带来了新的社会关系。你可以没有钱、可以没有权力，但只要你有自己的见解并且见解被大家认可，只要你有专长，只要你有趣味，甚至只要你有为社群奉献的心，就可以成为社群的领袖，就可以有拥趸，有追随者。

（2）社群化生存颠覆了我们对资源的看法

现在的资源不再局限于煤、水、电、矿、山，而是谁拥有人群谁就拥有了一部分资源。未来，谁能调动更多的资源，谁就可能成为新的成功者。樊登的号召力已经说明了这一点。

（3）社群重新诠释了传统的人脉概念

以前，人们说人脉就是生产力，是基于人脉的稀缺性。而今天，社群最大化地让人际交往扁平化，人脉不再稀缺。大家拥有共同的群，拥有共同的朋友。人们从没像今天这样信任陌生人，从没像今天这样和那么多人建立联系。比如，我看了一本好书，特别想和作者聊聊，以前想认识作

者是一件很困难的事情，但是现在我通过社群或 App 里的添加好友搜索功能，就可以和书的作者建立联系。

（4）社群聚集提高了信息传达的效率

互联网已经提高了信息传输的速度，社群又使得信息更加精准地传达到需要的人群，并且社群内部的交流，使得线上的交流更加有温度、有态度，所以体验更好。

（5）社群在减少信息不对称的同时促进了学习的发生

有人的地方就会有信息不对称，有信息不对称就会有学习的发生。比如，你有一件衣服不会搭配，你可以直接把问题“抛”在一个穿衣打扮群里，就会有热心的群友帮你解答，然后你再模仿、学习直至内化，这个过程看似简单，但是学习已经发生。所以，社群让学习变得随时随地、触手可及。

3. 社群学习的概念及内涵

我们认为：**社群学习是基于群组，由发起者发动两个或两个以上的人围绕某个主题进行的，以改变认知、掌握知识、提高技能、促进交往为目的的互助式学习方式。**

社群学习是对学习对象、学习目标、学习体验及学习结果进行再设计的过程。

（1）社群学习的对象更为广泛

与传统学习相比，社群学习的对象不是来自于同一所学校，而是来自于同一个社群。这些人虽然素未谋面，但是有共同的爱好、相似的价值观和一致的学习目标。基于此，可能有几千甚至上万人同时处在一个学习“场所”之中。

（2）社群学习的目标更为明确

这些学习者的学习动机更为明确，是一种主动的而非被迫的学习，这是与传统学习最大的区别。

（3）社群学习不仅注重学习，同时兼顾学习以外的体验

社群学习的过程不单纯强调学会，更强调在学习过程中的体验感、互动性、共同性及人际连接。

1）体验感。社群学习避免了个体学习的孤独感、枯燥感及兴趣的枯竭感，通过营造一种热切的学习氛围，使学习变得有趣、多样，实现了沉浸式的学习。

2）互动性。通过观摩同伴的学习，借鉴同伴的学习方法，输出自己的学习体会，社群学习帮助学习者获得更高的自尊水平。

3）共同性。学习者围绕共同的兴趣爱好参与学习，天

然就会有一种认同感和亲切感，同时，在学习过程中交流学习时遇到的问题和感到的困惑，其他人的存在会让学习者产生强烈的同理心，自然而然把对方视为“同类”。

4）人际连接。社群学习帮助陌生的群友快速认识，在共同完成学习任务的过程中收获友谊，实现人际连接。

（4）社群学习更加注重学习结果

培训界有一句话叫作“所有不以行为改变为目的的培训都是‘耍流氓’”，说的是培训应以人的行为改变为目标，同样，社群学习也是以行为改变为目的、以结果为导向的学习。社群学习对学习结果的追求，一是行为的改变，二是认知的提升，三是精神世界的重建。所以，社群学习既追求学习结果对现实的作用，更强调改造底层思维逻辑。

4. 社群学习的特点

作为一种新型的学习模式，社群学习具有自身的特点。

（1）人人都是学习的发起者

社群学习的一个首要特点是人人都是学习的发起者，这也是这种“非正式学习”与“正式学习”的区别。正式学习的发起者往往是老师或者领导，而社群学习的发起者可以是任何一个人，而非特定的老师或领导。任何人不管是看了一本书还是听了一段音频、看了一个视频，只要希望和一群志同道合者交流，就可以发起一场学习活动。参与这场学习的群体可以是社群、可以是家庭，甚至可以是随机的几个人，只要存在信息不对称、只要有共同的兴趣就可以。

（2）双师模式

通常来说，社群学习往往是两个“老师”的模式，这里的“老师”我们打了引号，是因为他们并不是传统意义上的老师。第一个“老师”更接近于我们传统意义上的老师，即知识的输出者，这个“老师”与学员之间的信息不对称是比较明显的，但是这个“老师”可能并不是一个人，可能是一段视频或者是一段音频，也可能是一本书。第二个“老师”与传统意义上的老师差别比较大，他与学员之间的信息不对称并不是很明显，甚至他的身份可能也是一个学员，但是他在社群学习中扮演了“老师”的角色，因此与其说他是老师，不如说他是引导师，是带领、引导学员进行学习的人。在樊登读书里面，我们把这个人称为领读者。以樊登读书为例，“双师”模式就是，在社群学习时一边放映樊登讲书的视频，一边由领读者引导学员讨论、练习，从而实现知识的迁移和转化。现在越来越多的学习

平台开始按照双师模式对学员的学习进行辅导，保证学习效果。

（3）多元参与者

社群学习学员的来源也非常广泛，参与者基本都是应发起者的邀请，自愿来参加的，所以这种学习的一个好处就是学员具有各行各业的知识和经验。如果学习发起者能够用适当的形式，把学员内在的知识和经验激活，并且调动互相分享，那么学习效果就会超越课堂内容本身而形成新的知识链接，能激发参与者更多的思考，实现互助式学习效果。

（4）矩阵式组织形态

矩阵式组织是管理学中的一个概念，即“在一个机构之机能式组织形态下，为某种特别任务，另外成立专案小组负责，此专案小组与原组织配合，在形态上有行列交叉之式，即为矩阵式组织”。矩阵式组织的特点在于围绕一个目标或者任务，打破原有的组织结构，使组织由金字塔模式走向扁平化模式。社群学习的组织模式和矩阵式组织非常相似，围绕一个学习目标和任务，人员按需组织，这次你是发起者，下次我是发起者，这次你是学员，下次我是学员。看似组织成员、角色分工不固定，但是更为灵活。

（5）兴趣组合

社群学习之所以能够聚集人气，主要在于学员对同一个主题或者话题感兴趣，有共同探索的意愿，这一点非常重要，因为这就解决了学习参与者动力不足的问题。大家都知道学习知识、技能是不容易的事情，但是提高人的学习意愿则更难。因此，在社群学习中，大家的学习意愿比较高，组织学习活动就会变得更为容易。当然大家的兴趣是多元的，所以在不同的课堂上会出现很多学员或者发起者交叉出现的情况。

（6）人之间迅速连接

社群学习的参与者以陌生人居多，参与者在参加学习之前往往并不认识，但是为了营造一个安全的学习环境，让学习者可以放松地全身心地投入学习，社群学习组织者一般会用一定的方式让学习者建立联系，这种联系并不一定是非常有深度的，但却是非常迅速的。而且如果能够持续组织社群学习，你会发现共同的学习活动将会大大缩短人们从陌生人到成为好朋友的时间。

（7）升维思考

所谓升维，顾名思义就是提升维度。当一个人学习的

时候特别容易从自己的角度、当下的维度去看问题，而当很多人一起学习的时候，你会发现由于知识、经验、看问题角度的不同，会让同一个知识点呈现出不同的侧面，会让自己看问题更加全面立体，从而不断提升自己的思考维度。

5. 标准式社群学习的必备要素

标准式社群学习有一些必备要素。

（1）人人都是学员、人人都是培训师

社群学习的最大特点就是人人都是学习的发起者，只要有意愿，人人可以组织一场社群学习。因此，在社群学习中，人的角色是不断转换的。

（2）组织者不一定是内容专家，但应该是学习活动设计专家

社群学习倡导的理念是人人都是学习的发起者。按照传统的教学理念，老师应该在自己的教学领域与学员有足够的信息不对称，但是实际上，社群学习的很多学习发起者可能对本次学习的主题并不是十分擅长，或者与学习参与者之间的信息不对称没有达到可以成为老师的程度，但是这并不会影响学习发起者发起社群学习。因为一般的社

群学习都是双师模式，真正的内容输出者是平台上的专业老师，而社群学习的发起者只要做好学习活动设计，做好流程的管控，带领参与者完成学习过程就可以了，所以这时候学习发起者扮演的更像是一个学习活动设计专家的角色。

（3）时长控制在 1.5 至 2 小时

人的心理活动对外界一定事物的指向和集中，具有注意的能力称为注意力。注意力是人能持续学习的基础，俄罗斯教育学家乌申斯基说过："注意是一扇门，意识中的一切都要通过它，当人们对某种事物高度注意的时候，他对这一事物的反应更深刻、更准确、也更迅速，记忆更持久。"人在注意某项事物的时候是要消耗能量的，因此人的注意力也有一定的限制。托尼·博赞曾提出，一个成年人带着理解的能力去倾听最长的时长是 90 分钟，所以建议一次社群学习的时间控制在 1.5 至 2 小时比较合适，线上社群学习时间可以更短一些。

（4）结成学习共同体，互助式学习贯穿始终

通常，在学习过程中，需要建立五种连接，学员与老师、学员与学员、学员与旧知、新知与旧知，学员与新知，这五种连接伴随着学习的全过程。与自学相比，社群学习

较好地实现了这五种连接，如图 1－1 所示，尤其提高了新知与旧知连接的效率。

图 1－1　学习过程中的五种连接

个体学习是自己大脑神经元的突触相互连接，社群学习则是建立了一个知识建构与意义协商的氛围，很多人在一起进行连接，形成学习共同体。

教育家约翰·杜威认为，共同体的形成不是因为人们同处一地，而是因为大家具有彼此互通的信仰、目的、意识和感情。如果缺乏这种赖以相互维系的精神因素，人群即便密集一处，也难以形成真正的共同体，而一旦有了这些连接，便能天涯若比邻。也就是说，共同体的形成依靠的是一种精神的因素，一种共同的心理因素，而这些共同具备的因素是目的、信仰、期望、知识、共同的了解和社会学家所说的志趣相投。这些因素不能像砖块那样，从一个人传递给另一个人，也不能以用刀切成小块分享一个馅饼的方法和人分享，只能通过沟通使他们具有共同的因素。

所以，社群学习保证了人们参与学习过程、在学习过程中拥有相似的精神要素，有助于结成学习共同体，并在沟通中实现信息的分享与反馈，互相帮助达成学习目标。

（5）多样性学习活动促进学习转化

绝大部分哺乳动物都有“学习快乐”这个机制，比如猫玩线团、追激光笔，反复地学习训练捕捉活动物体让它玩得很开心，这对于猫来说是游戏，也是学习。游戏的本质是“低难度和典型化的模拟现实”，它的运作机制是“认知特定信息并执行相应行为来应对模拟现实”。所以游戏即学习，而学习也可以是游戏。研究也表明，游戏更能吸引人的注意力、增强人的体验感，本书也倡导学习并不是让参与者感觉到自己渺小或者感到更加自卑，而是帮助他们在学习中获得乐趣、更加自信。所以，在有效的社群学习中，一定会穿插多种多样的学习活动，这些学习活动不仅增加了社群学习的趣味性，而且通过模拟现实或者低

难度的训练提高了知识的转化效率。

6. 社群学习的分类

社群学习分为线上社群学习和线下社群学习，以及线上线下混合社群学习三种，因此本书所指的社群学习包括这三种。

由于社群概念的流行是从微信群开始的，所以很多人认为只有在线上微信群里进行的学习才是社群学习，其实不然，从社群学习的概念能看出来，只要是基于一定的学习目标、一群人共同进行的学习，都可以广泛被定义为社群学习，这样的定义使社群学习不再局限于线上，而是把线上学习、线下学习及线上线下混合式学习都囊括在内。

（1）线上社群学习

线上社群学习是基于互联网技术的一种学习形式，除了微信群里的学习以外，在一些线上课堂平台、视频会议平台等进行的多人学习都可以称为线上社群学习。

线上社群学习的特点是：①基于互联网技术；②可以突破时空的限制；③每次参与学习的人数可以多一些，可以实现几百人、几千人同时学习；④有众多的小程序可以使用以节省人力成本。

（2）线下社群学习

线下社群学习是聚集参与者在线下面对面进行的学习。

线下社群学习的特点是：①必须要面对面；②必须在同一时间、同一空间学习；③同时参与学习的人数不宜过多，否则会影响学习效果；④更容易建立人的情感连接，提高学员黏性。

（3）线上线下混合社群学习

现在很少有单纯的线上社群学习或者线下社群学习，更多的是线上线下混合社群学习。

线上线下混合社群学习的特点是：①学习形式更为灵活，不拘泥于某种形式；②兼具线上和线下社群学习的特点；③学习效果更好。

组织者可以根据目标及具体情况选择学习方式。

第二节　社群学习兴起的原因

任何事物的存在都有其合理性，社群学习方兴未艾更是因为其符合人的需求，并且代表了未来的学习趋势。

1. 学习是人的基本需求，群体学习是人类最重要的学习方式

越来越多的证据表明，学习是人的基本需求。美国俄亥俄大学曾经对2 500名受试者进行研究，受试者被要求回答300多个设计好的问题，比如“士可杀不可辱”“我必须消除疼痛”等，最后将所有的回答归纳为15种基本欲望和价值观。人类的所有行为都是由这15种基本欲望和价值观所驱使的，在这15种价值观中排在首位的是好奇心，研究给出一个结论：学习的渴望是不可抗拒的。

人类的进化史也是学习史。科学家研究表明，人类集体学习的历史大约从20万年前到6万年前就开始了。人类最初的学习模式就是群体学习，就像猩猩幼崽不仅仅向它的妈妈学习，也向种群里的其他成年猩猩及幼崽学习一样，人类的生存也依赖于不断进行群体学习，进行知识和技能共享。

大家回想一下孩子学习的过程，就能够理解群体学习的必要性。孩子在幼儿园不仅向老师学习知识，也能从身边的小朋友身上学习到很多东西，这是典型的群体学习。

2. 终身学习成为常态，学习需求急剧增加

发展的观点是马克思主义的基本观点，这个观点认为运动变化是绝对的，既然如此，人在社会上生存就要不断适应这种变化，适应的过程也就是不断学习的过程，所以不管在哪个时代，终身学习都是必需的，只是在这个时代表现得更明显而已。

在这个充满不确定性、模糊性、复杂性、易变性的时代，经济增长越来越明显地依赖于知识生产、传播和应用。以智能为代表的人力资本和以高新技术为代表的知识已经成为经济发展的核心，技术领域的新发明与新成果的不断涌现和迅速产业化，促使社会面貌日新月异。

在这个时代，需要动态地去理解象牙塔中的“学以致用”。因为每个工作岗位所需的知识和技能每天都在变，所以再没有任何一种前置先修式的学习，可以让“学以致用”得以恒久地实现。这也就意味着，如果要继续生存下去，就必须时刻警惕周围的变化，也必须时刻准备去适应变化。只有那些有前瞻眼光，不断学习，并能做出快速反应的人，才有可能在社会发展中拥有良好的生存质量。由此可以看出，作为社会经济生活主要参与者的成年人，能否接受终

身学习的观念，并成为终身学习的实践者；能否适应信息时代获取知识的方式，学会学习，对其在不断变化的社会中的生存质量尤为重要。联合国教科文组织“21 世纪国际教育委员会”在报告中提出，“快速到来的信息社会要求人类相应进入学习社会。在这一社会里. 终身学习成为一种必需”。也就是说，在信息时代，学习不再是人们一生中某个时期的一种经历，而将成为伴随每个人一生的主题。因此，为适应这个时代的不断更新迭代，人们必须要时刻进行学习，成年人的终身学习已经成为社会发展的必然趋势。

同时，这是一个极度开源的时代，各种各样的知识随着移动互联网的大潮随处可见。移动互联网让信息过载了，有些人由于信息分散而受到打扰，有些人可以更好地从信息中获取大量知识。在信息时代，人们关于知识、力量的较量 ，不仅体现在对技术的强有力的获取上，还体现在对社会发展变化的有力把握及快速反应上，这是人之间整体素质的较量。据预测，今后每十年将发生一次全面的“职业大革命”，其中重大变化每两年就有一次。因此在这个富于变化的时代，每个人都如同坐在火山口上，如果居安不思危，“随时熄火”的危险便很容易出现。

在这样的背景之下，单靠传统的学校教育进行一次性

“充电”，然后永远“放电”的时代已经一去不复返了。1994 年在意大利罗马举行的“首届世界终身学习会议”对“终身学习”所下的定义是：“终身学习是通过一个不断的支持过程来发挥人类的潜能，它激励并使人们有权力去获得他们终身所需要的全部知识、价值、技能与理解，并在任何时候、情况和环境中有信心、有创造性和愉快地应用它们。”1997 年在德国汉堡召开的第五届世界成人教育大会提出，终身学习的目标是：促进所有的人都能为自己的发展而继续且平等地参加学习，并提倡国际社会在自由、正义和互相尊重的基础上为所有的人提供文化及教育机会。终身学习思想强调学习者的主体地位，提倡自主学习方式；强调通过学习，“发挥人类的潜能”和对所获得的知识和技能等的创造性应用。终身学习思想的提出，使得那种传统的把人的一生划分为学习、工作和退休三个阶段的方法已不能适应当今社会发展的需要。终身学习改变了过去人的一生只能接受一次学习教育、从事一种职业的状况，它有利于人的全面发展，消除了一次性学习教育给人带来的失败和苦恼，使每个人都有足够的机会发展自我，完善自我。

3. 知识半衰期越来越短，学习永远在路上

未来学家们认为，工业生产技术知识的半衰期已缩短

为10年，电子和科技知识的半衰期不超过5年，人类知识总量5~7年翻一番。成年人作为社会经济生活的主要参与者，面对信息时代以几何级数增长的信息和知识，自己以往的知识储备已经显现出疲态，此时中止学习就意味着无法应对科技进步和知识增长的要求，无法做出适应变化的快速反应，也无法在不断变化的社会中生存。因此，成年人必须接受终身学习的思想，在工作和生活中不断地、主动地汲取新知识、新信息，才不至于在社会竞争中落伍。

同时，要勇于成为终身学习的实践者。信息时代迅猛地改变着人们的工作环境和生活方式，同时也给每个人提供了大量的信息和机会，帮助人们头脑清醒地去设计一个适合自己实际需要的未来。成年人只有接受终身学习的思想，并勇于成为终身学习的实践者，才能不断提高自身素质，增强竞争力，从而适应社会发展的要求，达到改善和提高生存质量的目的。因此，成年人要想在职场上站稳脚跟，正规继续学习、非正规偶发学习和多元化学习都不可或缺。

4. 教育的本质是改变，改变需要内外力联合作用

研究人的学习方式，会发现每一个人的学习都是把新

的知识嵌入学习者旧的知识体系里面去，形成一种新的认知结构，从而不断实现认知的螺旋式上升。这个过程有点像一个原本结构完好的家具，现在突然要嵌入一截木头或者一根钉子，嵌入后仍然要保持结构的完整，当然，这个结构已经发生了一些变化。在新知识嵌入旧知识体系的过程中，学习者需要自己发力，也需要借助集体学习的力量。旧知识体系好比一个手机，新知识就是 App，App 只有下载到手机上才能用。新知识嵌入像是熵增，系统重构像是熵减。

现在所说的自学和以往人们提到的自学，并不是一个完全相同的概念。以往所说的自学是一个人面对书本去学习，而今天所说的自学则是大家共同、自动自发、互相学习，是内外力联合作用的结果。在这个过程中，人们分享学习的收获，借鉴他人的经验解决自己的问题，实现知识和经验的分享、链接、流动及交换。

5. 知识获取与使用之间的矛盾日益突出，人们需要学习上的帮助

在没有互联网或者一些学习平台之前，学习的主要矛盾是知识获取与知识供应不足、供应渠道狭窄的问题。

现在知识获取变得更容易，知识的供应渠道越来越多，但是也带来了新的问题。

比如学习的深度不够。现实中，很多人要么只学不习、要么只学不会，或者处在只学不用的状态，结果就是学习的深度不够。

比如越学越焦虑。挖井若想挖出水要做的是挖1m宽10m深，但是很多人的学习可能是10m宽1m深，到处蜻蜓点水，所以不仅没有学会知识，反而变得更加焦虑。

比如知识的使用效率不高。就像“你懂很多道理，却仍然过不好这一生”这句话说的一样，拥有很多知识，却未必能用得好。

有人说“知识就是生产力”。越来越多的事实证明，知识并不是生产力，知识被运用了才是生产力。樊登说：“我做公司的所有经验都来自书本，学完一样东西就会立刻用在公司管理中，我创业成功的捷径是读书。”可以说樊登是一个真正会学习会应用的人。但是在一般人身上，知识获取与知识使用之间的矛盾日益突出。如果你听到了知识，就认为是学会了知识，那么你错了；如果你以为记住了，就是学会了知识，那么你也错了。知识只有内化并且被使用，才真正对拥有知识的个体起作用。但是知识被使用与知识获取比起来，要艰难很多，也就是说从“知”到“行”，还有很长的路要走。你可能看一段视频就知道椅子是如何做成的，但是当你拿起工具和材料做椅子的时候，你会发现学习才真正开始。所以，人们喜欢学习，更喜欢能学会的学习。

为解决学与知、知与行之间的矛盾，人们需要帮助，社群学习恰恰能够以适当的方式帮助学习者进行知识内化。

6. 互联网实际上加大了人和人之间的差距，社群学习有助于信息共享

以前的学习基本上要通过一些很正规的渠道，比如读大学，或者购买出版物，甚至在古代，学习是某一部分人的特权，但是随着互联网时代的到来，学习的途径变得越来越多，有慕课、有微课、有公众号、有 App，甚至有小视频等，各种各样的学习平台开始出现。学习和以往相比变成更容易的事情，甚至在小视频上都可以学到一些做菜的方法，或者收拾屋子的方法，这让自学成长有了可能。表面上看互联网缩小了学习的差距，人人可以学习，但是受学习主动性及学习能力的影响，学习意愿强、学习能力强的人的学习速度、宽度和深度都远超一般人，而那些不

愿意学习或者学习能力差、学习习惯不好的人与之的差距就越来越大。所以，互联网实际上进一步拉大了人与人之间的差距。为缩小这种差距，从其他同伴身上学到更多，人们渴望参与到群体学习中去。

第三节　社群学习的原理

社群学习之所以能够帮助很多人更好地学习，其原因在于社群学习是符合成年人学习的规律及需要的。社群学习主要有五大原理，如图1－2所示。

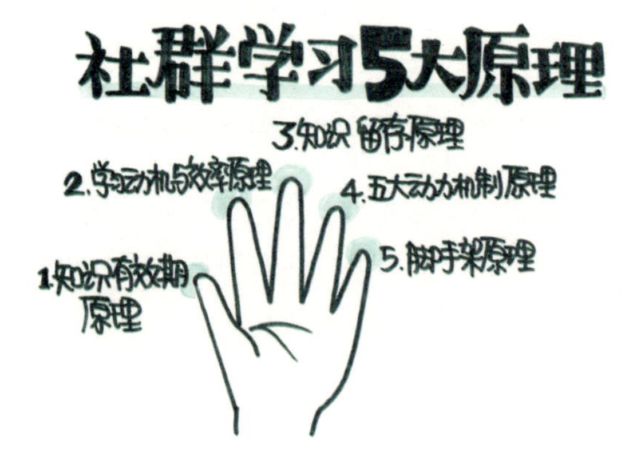

图1－2　社群学习五大原理

1. 知识有效期原理

商品有保质期，知识是否也有有效期？以前大家认为知识是没有有效期的，可以一直有效。但是随着新技术的广泛应用、新事物的不断出现，知识的增长不再是线性的，而是指数型的，同时随着人工智能的发展，一些岗位被机器取代，人们必须不断迭代知识、发展自己，才能适应未来社会的需要。所以，知识也面临有效期的问题，一些知识在某个时间之内是有效的，但是随着时间的推移就会失效。那也就意味着，人们必须不断地学习新知识才能跟得上时代的发展。

比如快递人员有一天会被无人机、无人送货机取代，那快递人员做什么呢？他们就需要学习无人机或者无人送货机的操控、维修等技能。在这个过程中，他们实现了知识和技能的迭代。

这种迭代有前瞻型的迭代，也有跟随型的迭代。前瞻型的迭代更富有战略眼光，着眼于未来，在预见到发展趋势的时候，即着手准备应对未来；跟随型的迭代是在趋势已经变成现实的时候，开始进行知识迭代，虽然起步有点晚，总好过一动不动。

遵循知识有效期原理，社群学习能够帮助更多人快速更迭信息，通过群体学习提高学习速度。

2. 学习动机与效率原理

1908 年，心理学家耶克斯与多德森就提出了耶克斯 - 多德森定律。耶克斯 - 多德森定律又称“倒 U 曲线”，强调学习动机的强度与学习效率的关系并不是线性的，而是呈倒 U 形曲线关系，如图 1 - 3 所示。也就是说，学习动机的强度有一个最佳水平，即动机水平适中，此时的学习效率最高；一旦超过了这一水平，学习动机的强度过大时就会对学习活动的结果产生一定的阻碍作用。当然，如果学习动机的水平过低，也不会有高效率的学习活动。

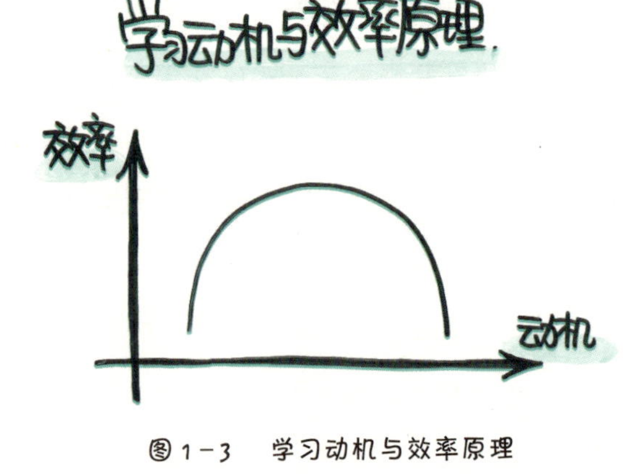

图 1 - 3　学习动机与效率原理

人们接受教育的原因是多种多样的，所以他们学习的动机也是不同的，成人学习中带有共性的学习动机有：

①追求一种兴趣。

②学习或发展一种技能。

③学习或发展一种新观点。

④创作作品。

⑤满足好奇心。

⑥省钱。

⑦探讨“我能否干得了”。

⑧取得别人的赞许。

⑨获取一种资格。

⑩得到进一步学习的机会。

⑪结识有共同志趣的人。

⑫接触社会。

⑬增强自我尊重意识。

……

动机又与价值和信心密切相关，对成年人来说，价值越高，兴趣越大，动机就越强烈；信心越足动机就越强烈，

但是当信心过于强烈，也就是过于自信的时候，动机也会下降。

社群学习能够帮助人们在一个好的学习氛围中学习，通过相互观摩，适当调整学习动机与难度之间的关系，使学习效率达到最佳。

当你的学习动机不强，从而学习效率低下的时候，社群其他成员的学习态度会激发你；当你的学习动机过强，学习效率受到影响的时候，其他学员的学习方法、技巧及对问题的看法会给你启发。这样的过程让社群学习比个体学习更具有弹性和可借鉴性。

3. 知识留存原理

美国学者埃德加·戴尔在 1946 年提出了“学习金字塔”，即学习形式与知识留存率之间的关系，如图 1－4 所示。

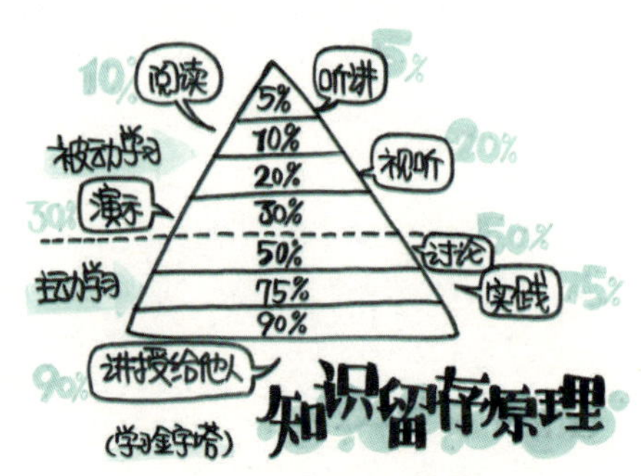

图 1－4　知识留存原理

从学习金字塔可以看出，学习形式对知识留存率有着巨大的影响。

听讲的留存率最低，为 5%；阅读次之，为 10%；视听为 20%；演示为 30%。用上述这些方式学习，学员的大脑处于被动接收状态，没有主动对信息进行加工处理，属于被动学习的范畴。就像吃饭必须自己咀嚼、消化一样，没有经过大脑主动加工的知识的留存率普遍偏低。

讨论的学习留存率为 50%，实践的学习留存率为 75%，讲授给他人的学习留存率为 90%，这三种学习形式的知识留存率之所以高，是因为这三种学习方式都必须经由大脑的主动加工和输入、输出，有一个消化、理解、内化、再创造的过程，经过这些过程，新知识已经成功嵌入旧知识体系中，初步完成内化过程。

知识留存原理表明，学习在群体中进行效果更佳，与他人的讨论、实践中的反馈及讲授给他人，无不需要伙伴的配合。所以，社群学习为提高知识留存率提供了可能。

4. 五大动力机制原理

社群学习归根结底是学习的一种形式，要研究社群学习，首先要研究人是如何学习的，以及人的学习动力机制是什么。

科学研究表明，体验是人与外界连接的入口，也是人生改变的入口。瑞士著名心理学家让·皮亚杰经过研究认为：儿童是在与周围的环境相互作用的过程当中逐渐建立起关于外部世界的认知，从而使自身的认知结构得到发展的。比如小孩子碰火炉被烫了，妈妈告诉他说“你看烫了吧”，从此之后他就知道这个感觉就是烫。正是因为有了这样的体验，小孩子的认知得到了发展，他就会知道，热的东西都会烫，火炉会烫，热粥会烫，热水也会烫。这也可以解释为什么小孩子总是会去触碰很多在大人看来很危险的东西，因为他们通过这个过程在学习，所以体验是认知的入口。人们也不断地通过体验来改变、升级认知结构。

人的体验的入口都有什么呢？当然是人的感觉器官。人的感觉器官在人学习的过程中发挥了巨大的作用。学习的五大动力机制就是从人的感觉器官出发，以体验为学习的入口来确定的。

学习的五大动力机制分别为动手、动脑、动心、动身、动口，如图1－5所示。如果是个体学习，这五大动力机制被调动的可能性和频率都比较低。而在社群学习中，利用社群聚集的人群优势，按照设计的流程，能够创造更多机会，让参与者调动这五大动力机制，从而使学习真正发生。

图 1－5　学习的五大动力机制

5. 脚手架原理

脚手架原理的基础是建构主义的教学理念，即以学员原有的知识和经验作为脚手架，帮助学员一步步攀升。比如，你要教会 3 岁的孩子理解“悲痛”，一定会举一个孩子能够理解的例子，而不是引用词典中的解释“悲伤哀痛”，或者引用《史记·淮南衡山列传》中的记载，或者引用北宋诗人苏舜钦的《哭曼卿》的诗文，或者引用清代沈复的《浮生六记·坎坷记愁》中的文字，或者引用

梁斌《红旗谱》中的文字来解释悲痛。其实这就是基于脚手架原理，举的例子是孩子能够理解的，并借由这个例子理解新的知识。

在社群学习中有两个脚手架可以利用，一个是学员原有的知识和经验，另一个就是其他学员的知识和经验。日本教授、“学习共同体”的倡导者佐藤学认为：协同学习下的小组学习方法，首先是模仿他人的思考；其次是将其他人的思考作为一个“脚手架”，来达到更高的程度。这种学员互助式的学习原理被称为脚手架原理如图 1－6 所示。

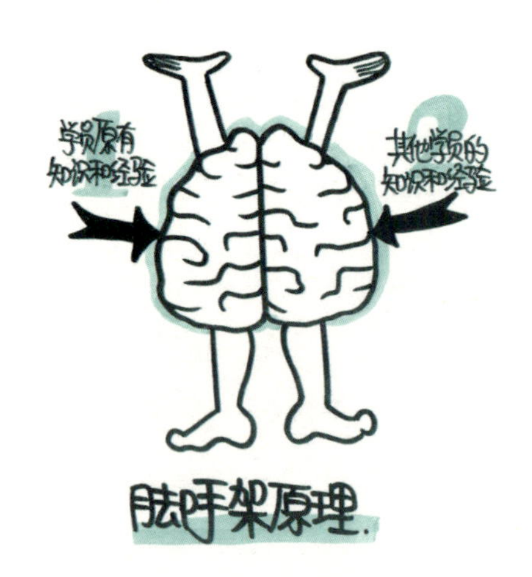

图 1－6　脚手架原理

第四节　社群学习长期存在的基础

社群学习是伴随着知识经济、互联网的发展及知识付费的兴起而发展起来的，并将长期存在。现在社群学习已经被更多的个人和组织所接受，被广泛应用在个人成长、产品营销、员工培训、企业发展等更多层面。

1. 正在进入知识经济时代

人类在经历了农业经济和工业经济之后，现在正在进入一个崭新的时代——知识经济时代。知识经济是指建立在知识和信息的生产、分配及使用基础之上的一种新的经济形式，它是以知识资源为基础的一种经济形态，是与农业经济、工业经济相对应的一个概念。知识密集型的软产品，即利用知识、信息、智力开发的知识产品所载有的知识财富，将大大超过传统的由技术创造的物质财富，成为创造社会财富的主要形式。

2. 网络化生存成为新的生活方式

中国互联网协会发布的《中国互联网发展报告

(2019)》指出，截至2018年年底，我国网民数量达到8.29亿，全年新增网民5 663万，互联网普及率达59.6%，较2017年年底提升3.8个百分点，超过全球平均水平(57%) 2.6个百分点。其中，截至2018年年底，我国手机网民规模达8.17亿，较2017年年底增加6 433万，网民中使用手机上网的比例由2017年年底的97.5%提升至2018年年底的98.6%。也就是说人们使用互联网越来越便利，网络化生存成为常态，使用互联网学习变得越来越容易。

3. 知识付费习惯逐渐养成

从当前各种媒体广告就能看出知识经济未来是新的经济风口。知识经济克服了工业经济的各种弊端。相对于以物质、资本在生产中起主导作用的物质经济和资本经济而言，知识经济是以知识、人力等智力资源为资源配置要素的经济，节约并更合理地利用已开发的现有自然资源，并且利用知识、信息、智力开发的知识产品所载有的知识财富，将大大超过传统的由技术创造的物质财富，成为创造社会财富的主要形式。

知识付费是知识经济的一种表现形式。知识付费在

2014~2015年开始发展，樊登读书是在2015年开始运作的，当时只有两个微信群和1 000个忠实粉丝，樊登读书App在2016年的注册用户增长到100万人；得到App在2015年上线；2016年喜马拉雅创办知识付费节“123知识狂欢节”，知乎上线知乎live，付费语音问答平台“分答”上线，知识付费行业进入发展快车道，因此2016年也被称为我国“知识付费元年”；随后，知识付费领域出现了更加垂直细分的产品，形式也更加多样化，但是行业竞争也更加激烈，一部分App在竞争中消失，整个行业在2018年进入整合期。知识付费行业的用户规模从2014年的0.13亿人快速增长到2018年的2.72亿人。智研咨询发布的《2018–2024年中国付费数字阅读行业深度调研及投资前景预测报告》显示，2017年知识付费的市场规模大约有150亿元，到2020年可以到500亿元。

伴随着知识经济和知识付费的兴起，线上线下相结合的混合式学习日益发展，社群学习更受欢迎。

4. 社群学习加快了个体的成长速度

不得不说，社群学习让学习变得非常普遍。在我国，只要有网络的地方就有社群学习的存在，据《中国互联网

络发展状况统计报告》显示，2019 年中国网民规模达 8.54 亿，比上一年增加 0.25 亿。随着互联网的普及，以社群为特征的学习形式更加普遍。由于社群学习为广大学习者提供了学习平台和学习上的便利以及帮助，越来越多的人通过社群学习获得了成长。从某种意义上讲，社群学习加快了个人的成长。

5. 社群学习满足了组织发展的需要

现在的组织越来越认识到学习的重要性、必要性，可以毫不夸张地说，一个组织的学习能力是这个组织发展的“天花板”。基于互联网技术及人的灵活办公与流动状况，各种组织的学习机制也更加灵活，以共同兴趣爱好为基础的社群学习满足并适应了新的培训需要，越来越多的企业通过社群学习成功打造了学习型组织。

6. 社群学习成为很多产品销售的入口

当今时代的商业逻辑已经发生重大变化，销售的底层逻辑是社交逻辑，即基于人群的共性产生聚集并深度连接，创造出一种舒适的交流环境，让人产生深度信任感，从而把自己的需求交给对方打理，进而产生销售。由于精力有限，人的认知总是有空白区域，对某些领域的了解非常有限，这时知识的普及和筛选将极大地节省人们的时间，这就为通过社群学习达成销售目的创造了条件。比如，卖化妆品的并不直接销售化妆品，而是通过普及护肤知识来吸引客户、引导购买。现在人们也越来越认同一个理念：社群学习是很多产品销售的入口。

7. 社群学习帮助社群组织者获得更多收益

社群学习是一种以人的聚集为基础的学习方式，人的聚集就需要有组织者。对企业内部培训而言，社群学习的组织者是企业的工作人员；对销售团队来说，社群学习的组织者是销售团队或者个人；对读书会或者拆书帮这种兴趣社群来说，社群学习的组织者是社群中的某个成员。不管对哪一类组织者，社群学习都能帮助这些组织者凝聚人气、建立威信、提高自信、连接人群，从而实现经济或者社会效益。

第五节　社群学习的六大目标

布鲁姆教育目标分类法把教育目标分为三大领域：认

知领域、情感领域和动作技能领域。我们认为社群学习能够至少实现六大目标：认知提升目标、技能提升目标、情感体验目标、人际关系目标、粉丝沉淀目标，以及个人 IP 目标，如图 1 –7 所示。

图 1 – 7　社群学习的六大目标

如果用一句话来概括社群学习的效果，那就是“我们喜欢学习，更喜欢学会”。

1. 认知提升目标

认知，是指人们获得知识或应用知识的过程，或信息加工的过程，这是人的最基本的心理过程。它包括感觉、知觉、记忆、思维、想象和语言等。人脑接受外界输入的信息，经过头脑的加工处理，转换成内在的心理活动，进而支配人的行为，这个过程就是信息加工的过程，也是认知过程。

认知能力是指人脑加工、存储和提取信息的能力，即通常所讲的智力，如观察力、记忆力和想象力等。人们认识客观世界，获得各种各样的知识，主要依赖于人的认知能力。郭德纲曾说："比如我和火箭专家说，你那火箭不行，燃料不好，我认为得烧柴，最好是烧煤，煤还得精选煤，水洗煤不行。如果那科学家拿正眼看我一眼，那他就输了。"这段话反映了两个人的认知差距。

学习的目的就是提高一个人的认知层次，即实现认知提升目标。提高一个人的认知层次是不断打破自己认知的天花板，对自己的知识进行迭代的过程，把从对知识的识记、理解、应用层面提升到分析、评判、创造层面，并且能够多维度地看待事物。比如大家熟知的一个故事。一个人走过建筑工地，看见一个工人正在愁眉苦脸地工作，于是问他："你在做什么?"，工人说："你没看出来吗?我正在做苦力"，这个人又问另一位工人同样的问题，那个工人说："我正在建设城市啊!"这两个人的回答反映了人认知的差距，也反映了人认知层次的不同。不断提高人的认知

水平，学习才真正发生。

一个人仅仅是自己听课学习，对知识的理解深度还是会囿于原来的认知，但是社群学习解决了思维边界的问题，不同人的认知、思想可以交流，也许某人的一句话就击中了你，让你实现了思维的跃迁。“听君一席话，胜读十年书”，其实就是帮助大家换一个思维角度来分析问题，打破原有的固化的思维方式，从而提升认知层次，重建心智模式和价值体系。

认知提升往往是不可见的、隐藏的、抽象的。

布鲁姆教育目标分类把认知目标分为六个层次：知道、领会、应用、分析、综合、评价，越往上，认知的层次越高，如图1－8所示。

图1－8　布鲁姆教育目标分类

①知道主要是记忆、陈述层面的，即能够记住或者复述出所学内容。

②领会主要是能够说明或者描述、解释、区别、比较某项事物，是比较粗浅的对事物的理解。

③应用是对所学知识的概念、法则、原理的运用，能够正确地把抽象概念运用于适当的情况，比如论证、操作、实践、举例说明等。

④分析是指把材料分解成它的组成要素部分，从而使各概念间的相互关系更加明确，材料的组织结构更为清晰，详细地阐明基础理论和基本原理。

⑤综合是在分析基础上，全面加工已分解的各要素，并再次把它们按要求重新组合成整体，综合、创造性地解决问题。

⑥评价是认知领域里教育目标的最高层次。这个层次的要求不是凭借直观的感受或观察的现象做出评判，而是理性、深刻地对事物本质的价值做出有说服力的判断，表现为评论、鉴定、辨明、辩护、预测等。

比如一个学习法律的学生，如果其认知处在知道层面，那他就是只能够背诵某段法律条文；领会则是能用自己的语言予以解释；应用就是会用该法律条文评判某种犯罪行

为该使用的刑罚；分析则是能够说清楚该法律条文与其他法律之间的关系，掌握其底层逻辑；综合是可以运用该法律条文的规则，创造性地制定出新的法律规则；评价则是可以将该法律条文与世界各国/地区的相关法律进行比较、评论，并预测出趋势。

由此可见，越往上，认知的难度越高。现在课堂上普遍存在的问题是，课堂教学往往停留在知道、领会、应用层面，对分析、综合、评价这样高层次的思考培养不够，导致很多人不具备独立的思考能力，认知层次没有实现真正的跃升。社群学习就是要解决一般教学中存在的这些问题，在分析、综合和评价上进行提升。

2. 技能提升目标

技能提升目标是指某项技术能力获得提高，这个目标相对于认知目标来说是可见、可感受的，更加直观、具体，也往往是社群学习参与者最直接的目标。现在大家的时间被越来越多的信息分散，所以表面上每个人的时间和原来一样都是 24 小时，但是普遍会觉得时间变得越来越紧张，大家都希望把时间聚焦到有价值的地方，社群学习如果不能够解决学员的痛点，不能够让学员有看得见摸得着的收获，则会导致学员不再愿意拿出时间来参加这样的学习活动。所以，技能提升目标是社群学习的一个重要目标。一般对技能类知识的掌握要经历“知道—熟悉—胜任—精通”的过程，社群学习至少可以引导参与者通过练习完成从知道到熟悉的过程。

布鲁姆在创立教育目标时仅意识到动作技能领域的存在，未制定出具体目标层次。1972 年辛普森（Simpson）提出动作技能领域教学目标分 7 个层次：

①知觉。

②定式。

③指导下的反应。

④机械动作。

⑤复杂的外显反应。

⑥适应。

⑦创新。

知觉是形成对技能的感官认识，然后了解技能的定式，也就是具体步骤，接下来在指导之下做出技能动作上的反应，再学会机制，也就是自己会操作，但是不够熟练。复杂的外显反应是指可以基本熟练地做出动作或者操作，适

应则是已经可以不需要过多的思考就可以达到做出动作或者操作的程度，创作很好理解，就是可以在原来的基础上再创造。

比如教会一个人做椅子，知觉是看懂了如何做椅子；定式是了解清楚了具体步骤；指导下的反应是在师傅的指导下，可以一步步进行操作，但是还不够熟练；机制是可以脱离师傅自己按照步骤完成同样一把椅子的制作；复杂的外显反应是已经可以相对熟练地完成椅子的制作；适应则是不需要过多的思考就可以制作出一把椅子；创作则是可以利用掌握的原理创造一款新的椅子。

在社群学习中，学员通过互助式学习，互相观摩对方的行为改变，并在技能演示过程中获得反馈，从而达到技能提升目标。

3. 情感体验目标

情感体验是指接触外界事物得到的影响、体会，是外界与内心的核心界面，个体对外界所有的理解和认知，以及经验的累积，都是基于对外界的体验，所以体验是人关于世界的一切知识的源泉。既然如此，每一个知识的获得一定是通过一定的体验来获得的，所以要达成认知提升和技能提升目标，必须要达成情感体验目标。

研究表明，学习效果和学习的有趣程度成正比，放松的、舒适的、幽默的场域更有助于参与者专注于所学的内容，更容易激发思维的潜能，也更容易产生心灵体验，从而使游离式的学习变为沉浸式的学习。

同时感受和心灵的关系非常密切，任何的感受都会产生特定的心理活动，反之，特定的心理活动也会产生相应的感受。当参与者产生不安全、困难或者抵触情绪的时候，学习的意愿会降低，投入度也会不足。而且很多时候参与者可能会忘记社群学习中的知识点，但是那种体验却很难忘记，所以良好的情感体验也有助于增加社群学员的黏性。

情感领域的教学目标，以克拉斯沃尔为首，于 1964 年提出，分为以下 5 个层次：

①接受。

②反应。

③形成价值观念。

④组织价值观念系统。

⑤价值体系个性化。

通过适当的流程设计，社群学习能够使参与者放松地融入场域，以一种寓教于乐的方式让参与者投入学习，在学习中产生愉悦的感受。

4．人际关系目标

人际关系目标是指通过社群学习实现人与人之间的连接。古语云：独学而无友，则孤陋而寡闻。最好的学习并不是老师讲、学生学，而是学生之间互相学习。因为只有学员才最了解学员的需要，更加知道学习中的困难，也更容易产生情感上的共鸣。

在社群学习中，学习者通常需要向其他成员说清楚自己的观点，这有助于加深对知识的理解。同时也能够看到其他成员理解问题的角度和观点，多元认知和多元化的观点促使他们反思，重新组织自己的思路，这种差异化是一种极其宝贵的资源，更能激发人的思考，拓展思维的宽度，加强思维的深度。所以，小组成员之间的讨论和探讨有助于激活旧知、建立新知。

而且大家在学习过程中不断进行交流，分享各种学习资源，共同完成一定的学习任务，会形成相互影响、相互促进的人际关系。再加上目标、志趣和记忆等共同的精神因素，也使得社群成员之间更容易相互认同、彼此依赖，共享知识创造的红利。

所以，社群学习不仅具有信息交流的功能，还具有社会强化功能，满足参与者自尊、被尊重和归属的需要。社会心理学家舒茨于1958年提出人际需要的三维理论，舒茨认为，每一个个体在人际互动过程中，都有三种基本的需要，即包容需要、支配需要和情感需要。这三种需要在社群学习中都能获得较好地满足。

5. 粉丝沉淀目标

前四个目标是针对参与者来讲的，第五个目标是针对组织者来讲的。不管是读书会、学习平台还是团队、企业中的社群学习，都希望能够通过这样的活动，吸引更多人持续参与，以保证活动的持续开展，所以社群学习还有一个目标就是沉淀粉丝。

任何社群学习都应该按照“反脆弱”的结构进行设计，通过生存来反哺社群学习，通过社群学习来回馈粉丝、增加粉丝黏性、实现二次销售。

从社群运营的闭环来看（见图1－9），需求带来流量，一定的流量带来价值和信任，信任又会促进成交，成交之后裂变带来新的流量。粉丝沉淀是信任的结果，是二次成交的来源，也是实现用户终身价值（LTV）的重要一环。

图1-9 社群运营闭环

6. 个人IP目标

这个目标也是针对组织者来讲的，个人IP是在一定范围内具有影响力的个人，一个人如果成了个人IP，他会有拥趸和追随者，既可以更好地利用自己的影响力来传播知识和思想，也可以利用IP价值来变现。作为社群学习组织者，在组织学习活动的过程中，要比别人早学一步、理解更深一些，而且通过组织社群学习成为一个领导者、引导者，以其个人魅力形成一定的影响力，并最终把自己打造成个人IP。

在进行社群学习设计之前，组织者要有意识地思考本次学习活动的目标，以目标来指引社群学习活动的设计。

第六节　优秀社群学习的标准

如果把一次社群学习比喻成一份美食的话，那么你愿意吃什么样的美食呢？是色香味俱全的吗？色和香形成吸引力，味则是感受好，还有一项就是要有营养，而不仅仅是果腹。所以社群学习也应该是有吸引力的、有价值的、让人感到快乐的。

1. 有吸引力

“你的注意力在哪里，你的人生就在哪里”，社群学习也是如此。当注意力在课堂当中的时候，参与者才能够投入、沉浸，进而有收获。怎么能够持续制造吸引力呢？一定要不断制造悬念。

我们去饭店吃饭的时候会看见一些很奇怪的菜名，比如母子相会、关公战秦琼、乌云遮日、火山飘雪、小二黑结婚，你能猜出这都是什么菜吗？你会不会感到好奇想要知道答案？当然会，你甚至会主动去网上搜索，这样就形成了一种吸引力。

其实，母子相会是黄豆炒黄豆芽；关公战秦琼是西红柿炒鸡蛋，因为关公是红脸儿的。乌云遮日是紫菜蛋花汤；火山飘雪是西红柿拌白糖；小二黑结婚是松花蛋。大家看了答案之后是不是觉得饭店老总在逗你玩？不管怎样，饭店用这样的方式成功吸引了就餐者的注意力和参与的欲望。所以，组织者在社群学习中也要有意识地制造吸引力。

2. 有价值

你觉得成年人会喜欢什么样的学习活动，不喜欢什么样的学习活动呢？

从人类最开始自动自发地学习可以看出来，人类最开始的学习就是为了活下去，是基于实用的学习。现在成年人的学习依然是基于实用的学习，而且成年人对知识需要的程度决定了学习的效果。比如今天家人要吃一道菜，大家可以很快地在网上找一个教做菜的视频，一边学一边做。学习的意愿是强烈的，学习的速度也是非常快的。

学习是变化、发展的过程，变化和发展就意味着有新的东西输入。现在人的注意力被极大分散，在注意力有限的情况下，成年人越来越聚焦于当下需要的知识。

这就要求在设计社群学习的时候必须要以参与者为中心，以他们想要解决的问题为中心。所以，建议在设计社群学习活动之前，可以做调研，也可以站在参与者的角度，罗列出他们可能遇到的问题，然后在社群学习中解决这些问题或者给出这些问题的解决办法，让参与者感觉到有价值。

3. 让人感到快乐的

很多人从小到大认为学习是痛苦的，而人们又对痛苦避之不及，所以学习的吸引力就会变弱。如果能够在学习中制造一种快乐，学习的吸引力就会大为增强。

一般的孩子都会很害怕去医院，但是朋友的孩子去医院治牙，因为医生全程都让孩子很开心，所以孩子回来说："妈妈，那个医院还是挺好玩儿的，下次我还想去。"

快乐是一种感觉，是一种体验，是一种令人放松、沉浸的气氛。很多时候大家参与一项活动或者和一个人对话后，具体的内容可能都已经不记得，但是对话时的感觉却很难忘记，并且会形成一种吸引力。所以如果组织者能够在社群学习中不断制造快乐，就会提高参与者参与的欲望。

快乐是一种综合的感受，快乐是可以通过设计实现的，

有三种方法有助于制造快乐。

一是幽默。林语堂在《论幽默》中写道："幽默有广义与狭义之分，在西文用法，常包括一切使人发笑的文字，连鄙俗的笑话在内。在狭义上，幽默是与郁剔、讥讽、揶揄区别的。这三四种风调，都含有笑的成分。不过笑本有苦笑、狂笑、淡笑、傻笑各种的不同，又笑之立意态度，也各有不同，有的是酸辣，有的是和缓，有的是鄙薄，有的是同情，有的是片语解颐，有的是基于整个人生观，有思想的寄托。最上乘的幽默，自然是表示'心灵的光辉与智慧的丰富'。"所以，幽默是一种很高级的智慧，幽默之所以成为幽默，就在于其在情理之中又在情理之外，超乎其他人的预期。有一句话叫作"好看的皮囊千篇一律，有趣的灵魂万里挑一"，那些幽默的人往往都是有趣的灵魂。

幽默首先要建立在没有恶意的基础上，其次幽默的本质是反线性思维或者叫非线性思维。

比如著名作家马克·吐温就是一个特别幽默的人。在某个愚人节，有人为了戏弄马克·吐温，在纽约的一家报纸上报道说他死了。结果，马克·吐温的亲戚、朋友从全国各地纷纷赶来吊丧。当他们来到马克·吐温家的时候，只见马克·吐温正坐在桌前写作。亲戚、朋友们先是吃了一惊，接着都一起谴责那家造谣的报纸。谁知马克·吐温毫无怒色，幽默地说："报道我死是千真万确的，不过把日期提前了一些。"如果按照线性思维，马克·吐温也会和大家一起骂报纸，但是反线性思维就是接受并且反讽。

大家可以在生活中多培养和锻炼幽默感，这样在社群学习中才会游刃有余。

二是讲笑话。笑话是引人发笑的话语或事情。笑话一般篇幅短小，故事情节简单而巧妙，结果往往出人意料，给人突然之间"笑神"来了的奇妙感觉。为了活动效果，可以在平时多积累一些笑话，用的时候能够信手拈来。

三是设计共同的笑点。可以现场砸挂。砸挂是相声术语，是指在表演的段子中拿搭档、同行或其他人找哏儿、抖包袱或开涮的过程。组织者可以在社群学习活动中找一个可砸挂的点反复运用，达到制造快乐气氛的效果；也可以设计一个共同的动作或者声音，比如当参与者发言时，可以用"嘘"声大小比拼受欢迎的程度；或者用跺脚、手势发表意见等。

第二章

认识线上社群学习

发达的互联网为线上社群学习做好了硬件上的准备，但是一个好的线上社群学习绝不是“大家在一起学习”那么简单，也绝不仅仅是突破时空对于共同学习的限制那么狭隘，线上社群学习同样需要激情参与、精心设计。

第一节 线上社群学习的理念

随着新工具、新知识、新技能的不断涌现，终身学习深入人心，不学习就会被淘汰已经成为一种共识。而学习又是一件花费时间成本极高的事情，在一线城市，参与一次线下社群学习活动需要花费更多的时间和精力；在三、四线城市和县城、农村，线下社群学习的来源又不是很多。在这种情况下，线上社群学习很好地解决了时间成本、交通成本带来的困扰，让学习变得更容易，你只要有一部能上网的手机就可以参与到线上社群学习中去。所以，大家越来越渴望在快节奏的工作和生活中，找到一个线上的轻量级的学习社群。为此，线上学习的各种训练营应运而生。好的线上学习社群不仅能让学员学习到知识和技能，还能让学员找到上学时的感觉，让“同学”这两个字又成了日常出现的高频词汇。

线上社群大都沉淀在微信群中，通过第三方工具，以高频反馈、高频互动、知识聚焦的形式来呈现。**线上社群学习本质上是打造一种社群陪伴式学习的教学服务。**

线上社群学习来源于线上学习的火爆并弥补了线上学习的缺点。

1. 线上学习的优点

线上学习的优点主要有以下五个：

（1）跨地域学习

不同地域的同学可以在一起学习成长，提高了信息流通的效率。

（2）学习更便利

线上学习可以随时随地，学习的场景不仅限于教室，在公交车上、商场里、家里的沙发上甚至卫生间里都能学习，很好地利用了零碎的时间。

（3）价格更低

由于线上学习没有差旅费和租教室的费用，一次多人学习也摊薄了学习成本，而且支付更加便利，因此越来越多的人愿意参与线上学习。

（4）受众面更广

由于不受场地和时间的限制、费用低，学员人数可以比线下学习更多，惠及面更广。

（5）多次反复听课

可以更好地实现知识留存，能够反复学习。

2. 线上学习的缺点

线上学习虽然有很多优点，但是缺点也是显而易见的。

（1）缺乏学习的现场感

大家都对着手机或者计算机学习，并不能像现场学习那样很多人聚集在一起，所以很难直观地看见别人的学习状态，也很难实现信息的即时交流及获得来自老师的即时反馈。

（2）学习效果相差明显

线上学习不像线下学习那样学员与老师互相监督，基本全凭自觉，学习动机强烈一些、自我要求高的人投入就会多一些；学习动机弱又很难自律的人往往容易半途而废。

（3）反馈和督促机制弱

反馈是学习中非常重要的一环，而反馈的形式也是多种多样的，一个表情、一个叹词、一个手势都可能是反馈，但是由于线上学习没有办法面对面，所以这些反馈机制就很难发挥作用，并且受网速影响，一些信息的传输速度也比较慢，因此反馈的效果不如线下的效果好。而且线上学习基本全凭自觉，有时监督会失效。

3. 线上社群学习有效克服线下学习的缺点，提高学习效率

目前很多实体经济都做起了线上社群运营，通过知识输出来吸引人群，知识现在是很多产品销售的入口。比如美容院、饭店、健身房、汽车4S店等，它们通过分享与自己产品相关的知识让社群成员获取知识：美容院教大家如何识别护肤品、饭店教大家做菜、健身房教大家健身技巧、汽车4S店教大家汽车日常的保养知识，从而还延伸出很多商业模式，这些商家管社群成员叫私域流量，这样做的好处是：用户黏性大、流量集中、高频转化。随着这种模式的普及，产生了强迫营销、广告频繁等负面影响，让大多

数社群变成“死群”。所谓的学习和转化变成小概率事件，社群运营就失去了意义！

为帮助线上学习参与者获得更好的学习体验和效果，并且通过这个过程增加客户黏性，依托于线上社群平台的线上社群学习应运而生。

线上社群学习主要解决缺乏学习的现场感、学习效果相差明显、反馈和督促机制弱这三个问题。

当然，线上社群学习也不是万能的。组织者可以根据教学目标来选择活动形式，并不是所有活动都适合线上，比如动手操作类、体验类的学习项目就不适合线上学习，而理论解读类、认知提升类的知识就适合线上学习。

4. 线上社群学习对组织者的要求

无论线上社群学习还是线下社群学习，对于组织者的要求还是很高的。组织者不是内容的输出者，但是是整个学习过程的组织者，组织者个人的能力及魅力，对于线上社群学习的质量起着至关重要的作用。

（1）积极主动，乐为人梯

线上社群学习的组织者首先应该是一个积极主动的人、有好奇心的人，可以这样讲，组织者的气质就是所在社群的气质，组织者的价值观也会影响整个社群的价值观。

一个学习型社群的生命线就是保持活跃度，而一个积极主动的人才会带出一支积极主动的队伍，你很难想象一个沉闷的、没有进取心的人会带出一个积极向上、活泼进取的社群，所以积极主动是对一个线上社群组织者的基本要求。而且积极主动的人才能被更多人看见和发现，更有利于树立人设，起到更好的引领作用，也就是有号召力。

社群也是虚拟的小社会，一个愿意付出、给予别人关爱的人更具有领导力和凝聚力。

因此，在选择线上社群组织者的时候，通常要考察其是否具有积极主动、乐为人梯的特质。

（2）提供价值、持续输出

能否为一个社群提供价值，是这个社群能否长久存活的必要条件。社群运营者一般分为两种：组织型和输出型。组织型的运营者懂得用杠杆资源运营、懂得人脉管理，可以吸引和找到更多的老师来给大家传授知识。输出型的运营者本身就是社群的核心，包括他要讲的知识也是核心，因此这种运营者不但要有组织能力还要有教授能力。

（3）敢于突破、持续学习

线上社群学习的组织者也是社群的领导者，要带领整个社群克服困难、直奔目标，在这个过程中，要带动别人成长，首先是自己要成长，所以需要不断挑战自己的舒适区，不断学习、精进，并且要时刻将自己当作一个领导者来要求，从知道到做到，教是更好的学，保持持续学习的渴望，一直前行。

第二节　线上社群学习的效应

效应是指在有限环境下，一些因素和一些结果构成的一种因果现象。线上社群学习这种现象也形成了自己的一些效应，共有五大效应，如图 2－1 所示。

图 2－1　线上社群学习的五大效应

1. 助长效应

群体学习一定会由于学习者意愿、能力的不同而导致学习劲头、学习效果的差异，这样一来，那些学习意愿强、投入时间多、学习收获大、乐于分享成果的学员就会成为大家学习的榜样，加上管理员、班主任的引导，会让其他成员有所触动，提高全体参与者的学习效率。

2. 致弱效应

这是指个体在群体中所取得的学习成就比其单独学习时要差得多的情况，是与助长效应恰好相反的一种情况。当活动者的绩效水平与工作激情的变动呈负向相关的时候，这种情况就会发生。因此，要通过适当的方法和运营策略，在线上社群学习过程中降低这种致弱效应。

3. 趋同效应

这是指个体在群体规范效应下，缩短差距，而趋向于相同的意见、观点和行为倾向，所以线上社群学习营造的正能量的学习场域就变得尤为重要，它能够通过群体行为拉动整体的学习氛围向好的方向发展。

4．从众效应

这是指个体在群体的压力下，改变自己的观点，在意见和行为上保持与群体其他成员一致的一种现象。从众效应是心理学的一个原理，有其负面作用，就是会影响到人的独立思考。但是从众效应也会有积极正向的作用，就是带动学习氛围，比如有的中学设立快班，让一群积极向上、成绩优异的学生在一起学习，会普遍提高学生的成绩，这就是利用了从众效应。想要提高线上社群学习的效果，也要利用从众效应，通过积极正向学习场域的打造，来提高学习效果。

5．杠杆效应

杠杆资源的概念始于罗宾·蔡斯在《共享经济：重构未来商业新模式》所提到的闲置资源。书中提到，资源是有限的，要充分利用好有限的资源就得利用杠杆资源。共享经济出现的理由就是源于杠杆资源，即社会上存在很多未被合理使用的闲置资源，撬动这部分资源，就获得更大的收益。线上社群活动也是撬动杠杆资源，把人们的时间、精力充分整合起来，发动更多参与者参与社群的组织和运营，从而帮助更多人成长。

第三节　线上社群学习的三种典型模式

目前好的线上社群学习有三种典型模式：自组织运行式、“高考”倒逼式、“无限游戏”式。

1．自组织运行式

比如樊登读书“可复制的沟通力”线上社群就属于这种情况，这个线上社群为在职场、家庭、生活中存在沟通问题的人群，提供沟通问题解决方案，从而提高他们的沟通能力。这个学习社群已成功举办10期，目前正在招募第11期学员，已有超过6 000名学员完成并受益，每期学员大群+小群的活跃度共计万次以上，31天内学员内容输出量超过20万字。

“可复制的沟通力”线上社群之所以受学员的喜爱和支持是因为：

①**双师模式**：在训练营中，可以学到樊登老师对于沟通力讲解的音、视频，还有授权的大咖导师带教，对课程

进行复盘讲解，解答学员在学习中的困惑。

②**学以致用**：在学习过程中，每节课后都有课堂实践作业，学员需要打卡完成，完成打卡的过程不仅是对自己的学习成果的输出，还可以查看其他学员的作业，与其他学员进行交流，借助开放的平台，结识更多优秀的学员，感受学习和提高的乐趣。

③**陪伴督促**：在学习过程中，有导师、班主任的全程陪伴，还有助教老师的作业点评及群内问题的答疑解惑。在一个月的时间内，一直有人在引导和陪伴支持，给学员有温度、有品质的社群。

④**超值福利**：学员完成全部打卡后，不仅可以获得专属毕业证书，优秀的学员还有超值礼品奖励。在这里有内容和精神上的收获，还有物质收获。

⑤**晋级平台**：在训练营中，学员如果喜欢沟通力的氛围及所带来的能量，愿意跟随樊登读书继续学习，可以申请做助教，会有定向的培训。

基于以上几点，学员的黏性很强，还帮助推广宣传，让更多的学员参与其中。一个好的社群，必须要有爱、有趣、有温度、有料，这样大家才会选择留在社群中，并且还会带来更多的资源，只要能得到大家的认同，你的社群就是“活”的社群。

2. “高考”倒逼式

这种社群学习的知识往往比较具象，比如沟通、领导力、写作等。这些知识往往都可以说出理论，然后会有几个应用案例来论证。线上社群学习更多的时间用来练习、点评、互动。这是高频的交互过程，一环扣一环，让你用最短的时间学习到更多的知识。这种社群能够让你瞬间产生一种“饱腹感”，也就是组织者将时间安排得越紧，对于渴望学习的人来说满意度就越高。

以剽悍读书营为例进行剖析。

剽悍读书营一共有四个主题训练营，每次都有10天的打卡，给大家看一组数据：

清单主题营：5连全勤比例达到95.58%（连长故小白）。

精读主题营：2连全勤比例达到96.01%（连长米瑟）。

共读主题营：7连全勤比例达到95.74%（连长大晶）。

故事主题营：8连全勤比例达到95.76%（连长赵三多）。

要知道，剽悍读书营是一个长期社群（年底结营），运营到现在，还能有这样的打卡完成率，真是非常了不起。

剽悍读书营的22天打卡完成率，最高的一期突破97.8%，部分连队能实现100%。

这个效果是怎么实现的呢？经过复盘，结论如下：

①前面的筛选工作做得好，来的人自我提升意愿很强，不需要过度发动，就可以投入学习。

②有实力过硬的运营团队——从2016年5月到现在，在社群担任过管理员的“老铁”就有好几百人。以行动营为例，它最新的运营学院（4.0版），还有160多名运营人员在里面共同学习。这些人有极强的引领能力，可以迅速帮助新来的学员熟悉规则，并提供学习指导，带着他们更好地坚持下去。

③训练模式经过反复讨论验证，确保流畅有效，并使用了非常好用的学习打卡工具。

④形成了非常好的学习场域。参与者从被动学习进入主动学习的状态，主动去读，去写，去行动，去分享，于是带动了更多人的学习热情。

3．“无限游戏”式

这种社群学习模式就像《有限与无限的游戏：一个哲学家眼中的竞技世界》中讲的：“我们直接以姓名称呼彼此时，开放了所有能让彼此关系变得深深互惠的可能性。我们既无法预测彼此的未来，又让彼此的未来交织在一起，充满无尽可能。”这种社群的主导是群里每一个人，他们的目标是让学习一直持续下去，没有终点。这种社群学习多是因为大家兴趣相投而组织起来的。

以“一字学堂”作为案例进行分析。

“一字学堂”的性质就是贴近无限游戏的。

“一字学堂”是一个汉字文化社群，是一所没有围墙的汉字美学学院。

之所以说贴近无限游戏，是因为：

“一字学堂”的愿景是：打造一个极具幸福感的汉字文化社群，而探寻幸福、文化和美，都是没有终点的。

“一字学堂”由很多的训练营和社群组成，从长度上分为短期、中期、长期。短期、中期社群和训练营专注于汉字书写和汉字美学的筑基和进阶，有一定的期限，有既定的目标，更像是有限游戏。

长期的“一字学堂”社群和训练营更关注的是把汉字之美融入生活，在生活中自然地运用汉字带来的智慧。

无限游戏最有意思的不是数据，而是过程，整个过程充满了不确定性，在过程中会创造很多的美好。

而不管是什么样的社群和训练营，“一字学堂”都会在教学的过程中向学员传递无限游戏的思想，即专注汉字之美，分享写字快乐。即使是训练营结束了，甚至是社群解散了，大家也会习惯把汉字之美融入生活，把无限游戏在不同地方延续下去。

“一字学堂”的第一个社群“成长营”一营于 2014 年成立，到现在已经快 6 年了，人员虽然有更迭，但社群人数始终保持在 490 人左右，社群一直存在，因为社群的魂是不变的。

其中的角色包括：

①普通学员。

②学委老师。

③社群班长。

④加盟合伙人。

随着角色的转换，个人价值也在不断提升。从自我提升，到勤于助人，帮助的人越多，获得的价值感就越强。不同的角色，定位不同，视角也不同，但都会成长。最近“一字学堂”又要准备升级了，从原来的一个无限游戏，升级到另一个无限游戏，希望建设一个全方位的美学社区，吸引更多美学方面的专家，共同建设“一字学堂”这个知识平台，传播美好，终身成长。

但是“无限游戏”式的线上社群很难做。理念大家都懂，“无限游戏”也都是大家向往的。但是还是有大量的群，从一开始的一腔热血到最后不了了之，名存实亡。现在看除了功能性社群比如工作群、某某项目沟通群，“名存实亡”的社群占70%以上，那如何让群持续地拥有活力呢？本书后面会给出具体建议。

上面以三个社群的成功运营案例告诉大家：没有不好的社群，只有没有运营好的社群。只要把线上学习活动搞活，社群的生命力是很旺盛的。

第三章

线上社群学习的系统思维搭建

线上社群学习不只是学习那么简单，有一整套系统的后台逻辑和前台的运营方法。

第一节　线上学习型社群运营的三个底层逻辑

线上学习型社群属于社群的一种，除了具有社群的一般特征以外，还有自己独有的特色，最显著的特色就是学习型社群是以学习为目标而建立的群。有人说：知识红利已经到头。其实知识红利永无止境，只要有人存在、只要有信息不对称、只要生产生活还在继续，知识红利就会一直存在，所以学习也会一直存在。只是随着时间的推移、技术的发展，学习的形式可能会发生一些改变，比如线上社群学习就是最近几年兴起的一种学习形式。线上社群学习发生在线上，有三个特有的逻辑。

1. 闭环逻辑

闭环逻辑是由亚马逊的创始人杰夫·贝佐斯提出的。杰夫·贝佐斯在思考创业必须面对的变量时发现了闭环逻辑，如图3-1所示。他认为影响创业的五个变量是客户体验、流量、供应商、低成本结构及更低的价格。那么这五个变量之间又是什么关系呢？他发现更低的成本能够带来更低的价格，更低的价格能够带来更好的客户体验，客户体验好了就会重复购买，重复购买又会带来规模效应，规模效应又会带来更低的成本、更低的价格，吸引更多的客户。所以他发现一个有效的商业逻辑是：从客户体验出发，经过因果链不断增强，最后回到客户体验，一个正向的闭环就形成了。商业闭环思维本质上是一种思维模式，是以全局观的视角来看待营销的思维方式。线上学习型社群也是利用闭环逻辑，降低了学习者的成本，可以提供比线下学习更低的价格，吸引更多的用户；用户的口碑和传播又会产生新的流量，吸引更多的人参与，摊薄价格，再吸引更多的人参与，形成了一个新的商业闭环。

图3－1 新商业裂变闭环

2. 私域流量逻辑

人是群居动物，会因为某种共性而聚集，比如老乡、同学就是非常典型的人的共性聚集，这也为社群提供了基础，所以大家现在拥有很多因为共性而聚集的群。大家因为共性聚集在一起，并且产生某种程度的连接，当连接的程度很深的时候，就会产生一种黏性，从而出现私域流量。私域流量是相对于公域流量来说的概念，简单来说是指不用付费，可以在任意时间、以任意频次，直接接触到用户的渠道，比如自媒体、用户群、微信个人号等。私域流量也是品牌或个人自主拥有、自由控制、免费、可多次利用的流量。原来商业逻辑是要想销售出更多的商品，就要增加新用户量（增量），也就是吸引更多客户，但是获取新客户的成本是很高的；而私域流量则主要是盘活存量，即老客户重复购买，提高用户终身价值，并且用存量带动增量，可以多次、反复变现。所以私域流量的本质是情感经济、信任经济。私域流量这样的成交方式告诉大家成交不是结束，而是经营的开始。所以，在线上学习型社群的运营中，要关注私域流量，同时也要撬动存量，这就意味着运营线上学习型社群要花的精力不仅在于学习过程中的知识输出，更在于如何提高客户体验，让参与者愿意传播，获得更多的更广泛的传播。

3. 管理逻辑

线上社群学习和线下社群学习最大的区别就是在线下能看到的、能管理的是实实在在的一群人，而在线上看不到一个人，但是不管是线上还是线下，社群的管理其实都是管人心，那么管人心就要关注人的需要。马斯洛总结出的人的需求的五个层次，生存、安全、社交、尊重、自我实现，也是组织者在线上社群学习中要管理的重点。所以，管理的本质是管理人的需求。

第二节　线上社群学习的目标管理

目标是方向，是航标灯，当学习参与者的目标和组织者设计的课程学习目标相吻合的时候，才能够同频共振。

在移动互联网时代，有一部分人在参加线上学习活动时的目标是明确的，他们仔细研究报名信息并同自己的能力模型和知识结构进行对比，真正想弥补自己的不足。但是也有一部分人，目标并不明确，也可以说目标迷离或者目标和课程设计的目标是不吻合的：比如体验一下这种学习形式、比如进群就是为了社交。这种情况目前在社群运营中很常见。即使这样，作为线上课程的组织者也应该一视同仁地给予服务。这种目标本身也值得尊重，因为社群学习的价值不仅仅是学习目标。但是作为社群运营者要善于把握参与者的目标，并引导他们的目标。

1．学习者的目标

学习者目标包括：

①学习针对性的知识（知道自己的不足）。

②对已有知识重新梳理。

③建立自己的学习社交圈。

④从知到行，将理论知识落地。

⑤体验线上学习的方式。

⑥想要学习后教授他人。

⑦无意识体验，学到的都是知识。

2. 组织者或者运营者的目标

组织者或者运营者的目标包括：

①打造和研发一套简单可行的线上学习活动运营模式。

②针对某一人群的痛点和需求，设计学习内容，让学员得到提高。

③挖掘超级用户。

④提高社群的满意度和黏性。

⑤为主打课程引流。

⑥盈利。

⑦增加社群影响力。

⑧建立私域流量池。

3. 线上社群学习的目标衡量

为达成上述目标，线上社群学习的组织者作为整个学习的主导者，要具有自省能力。即要经常问自己：你是在自我欣赏还是在解决用户痛点？

要想知道你是在自我欣赏还是在解决客户痛点，可以通过内部的头脑风暴和学员的调查问卷来确定，通常通过以下几个指标进行衡量。

（1）学习收获

比如获得了某一项技能、提升了认知、养成了习惯。社群学习的氛围是靠组织者不断创新玩法来营造的，但是核心在于不断重复出现良好关系中的美好学习体验，从商业角度形成产品和用户之间的闭环。有人会说这是“割韭菜”或者“收智商税”，确实市场上存在不少泡沫，但是你要相信最终留下来的社群一定是靠好的内容，而不是靠所谓的增长或者运营手段。

（2）社交需求

每一个孤独的学习者都需要一个同窗，这个在学习型社群中非常有价值。作为一个成年人，如果毕业多年，在社群里找到了同学的感觉，不但学习了知识，还交到了朋友，他们互相称呼“同学”，这件事本身就是美好的，线上社群学习本身就是有灵魂的。

（3）习惯养成

有些线上社群的价值在于可以养成一个好习惯。比如朗诵、学习英语、跑步、读书，这些学习都可以用“打卡”的形式呈现。打卡形式多种多样，如群里分小组 PK 打卡、押金打卡等都可以，这样的群体学习过程在从众效应的加持下，一度成为社群学习的主流。但是“打卡”本身是一个形式，如果流于形式化、机械化也就失去了学习的乐趣。“打卡”是辅助学习的工具，它不能代替学习本身。

（4）商业价值

从组织者的角度来看，线上社群学习的存在让很多线下的大课或者线上的高价值课程有了先导课的载体，也就是通常所说的导流课，这种课可能免费或者很便宜，让用户先体验再去尝试购买。

第三节　线上社群学习运营的过程

一般的线上社群学习运营的过程包括：定位、引流、

建群、招募、组织学习、用户转化，如图 3－2 所示。

图 3－2 线上社群学习运营的过程

1．定位

以前大家做社群的时候更多的是凭本能、凭感觉，但是现在做社群已经变得越来越专业了，而且不像社群刚刚兴起的时候，有一个群，大家就想加一下，甚至生怕自己错过了群里的消息。现在，因为可加入的社群太多，大家对加入社群的热情不那么高了，因此为了吸引更多的人加入社群学习，必须精准定位人群，只为特定的人群提供他们所需要的学习服务。

组织者在看待一个线上学习项目的时候，要从一个产品的角度来进行审视，定位越精准，目标客户群体就越精准，服务的效果也就越好。所以大家在建立学习型社群前要问自己以下四个问题：

一问我的目标人群到底是谁？这个问题决定了社群的人员构成。

二问我能提供的价值到底是什么？这个问题决定了社群学习的价格。

三问这个服务要做多久？这个问题决定了社群的生命周期。

四问我想要什么样的调性？就像不同的商店有不同的调性一样，不同的社群也有不同的调性，有的社群可能每天都有成员说话，信息量很大；有的社群可能就比较安静，有事说事；有的社群可能就比较冷清，很少有人说话。这个问题决定了你的运营方式。

2. 引流

引流是建立一个用户池，然后在用户池中招募客户。

根据社群的属性，引流的方法可以分为以下三种：

（1）押金打卡

规则简单，内容不难，坚持完成规定时间内的任务即可。押金打卡主要是为了倒逼学习或者养成习惯，比如每天分享一篇学习心得、每天读一句英语、坚持每天健身、每天坚持护肤等。

（2）免费学习

一般来说，免费学习的社群的目的是为付费课程导流或者积攒私域流量，这种社群需要强筛选，要筛选学习意愿足够强的人，对于意愿不强或者不按照社群学习规定做的学员、没完成任务的学员，往往会被移出群。具体的策略一般是，放置个人二维码或者企业二维码进行前期筛选和私域流量的沉淀。

（3）付费学习

付费学习的社群，在群内做的基本都是学习成果的展示或者老师的公开点评。定期分享干货知识点，常通过其他平台的视频课或者以直播形式持续输出内容，让学员具有“知识饱腹感”是这类社群的标配。这类社群服务项目多、服务效果好，基本原则就是照顾到每个人的学习体验。如果出现违反社群规定、不完成学习任务的学员，采取的措施不能像免费学习的社群那样将学员移出群，而是要帮扶和惩罚学员。比如有一个社群会因为参与者连续多次没有完成作业，而把他关进“小黑屋”（“小黑屋”就是一个单独的群，里面都是没有完成作业的学员），在不影响正常学习的情况下，老师对这群学员进行单独指导和督促，让学员特别感动，待这部分学员补齐作业后就可以离开小黑屋了，这样的社群学习会让学员产生学费超值的体验。如果是引流的付费群，一般收费较低，主要是吸引目标人群参与。

3. 建群

在人员招募好之前可以先建一个工作人员的群，然后再把招募来的人员“抱”入群中。一般不说拉群，因为有拉人头的嫌疑。一般在邀请参与者入群之前，要给参与者发送邀请入群的消息，并告知一些群内规定。在正式开始社群学习之前，建议群内保持静默，以避免信息杂乱，干扰群内氛围。

建群首先要有一个群名，一方面便于识别和查找，另一方面通过群名也能确定本群的气质和调性。群名要好记好识别，有时候可以在群名中备注一些信息：比如入群做自我介绍或保持静默、请不要发广告等。

4. 招募

到底是先招募还是先建群，大家可以根据实际情况确定。

目前的招募来源一种是从用户池中，另一种是大海捞针式的招募，方式通常都是在朋友圈或者社群里发布。我们建议大家在用户池中招募，因为现在海量信息稀释了大家的注意力，所以直接发朋友圈的招募效果是很差的，但是在用户池中招募则容易很多。具体方法是可以在先期的分享中埋钩子、引起大家的兴趣；也可以在引流课程结束之后直接发布招募海报。

为了做好线上社群的招募，大家要问自己以下两个问题：

一是用户在哪里发现我的产品？

通过分析本期线上课程的内容来做用户画像。确定用户画像后，就可以选择招募手段和招募文案的撰写方向。选择用户出现比较多的线上平台发布招募信息，同时通过转发裂变等手段高效获取第一批用户。

二是用户如何注意到我?

为了引起用户注意，要根据线上课程内容做用户痛点分析，找出最痛的一个点展开文案撰写。

招募最重要的是撰写文案。招募文案是社群里用于影响他人做出行动决策、产生传播的文字，对招募效果起着决定作用。

从要素来看，招募文案应该包括线上社群学习的主要信息，比如什么时间、举行什么活动、什么样的人来参加等。

从内容来看，招募文案的本质就是打动人心，影响他人，实现传播。

一般招募文案的文字量较小，要用简短精练的语言传递信息。如果通过海报的形式呈现，则要做到：有视觉冲击力，卖点动人。

一般来说，社群招募海报上要体现六个要素：

①**稀缺性**。稀缺性是指现实中人们在某段时间内所拥有的资源数量不能满足人们的欲望时的一种状态。正是由于稀缺性，人们才会急着占有。

②**价格**。人们对于价格还是比较敏感的，也比较关注，

如果海报不能体现价格，很多人会因为懒得问价格而错过学习活动。

③**群体和从众效应**。一个课程如果有很多人选择，大家会觉得这个课程已经获得很多人的认可，一定值得购买，所以可以在海报上显示报名人数。

④**权威**。权威相当于心理学中的晕环效应，大家对权威的信服度更好。

⑤**普适性**。普适性是指课程的适用范围、目标人群广。

⑥**仪式感**。这里的仪式感主要体现在当某个人转发海报时，可以自动生成带有转发者二维码的新海报，这样更利于传播。

比如下面这张海报就非常好地体现了上述六点，如图3－3所示。

图3－3　海报示例

社群招募文案撰写有一种标新立异的写法叫：一破一立，一句话引起共鸣。破是打破旧有的观念，立是重新确立一个新理念，一句话引起用户共鸣、触发痛点，让其产生报名参与的行为。

例如，一个时间管理的线上社群学习课程一破一立文案是这样写的："你认为时间管理就是提高效率吗？那样你会越来越忙。时间管理是帮你建立一个事物优先级的判断依据，从而提升你的生活质量，让你过幸福的人生。"

5. 组织学习

组织学习是线上社群学习最重要的部分，也最考验组织者的功力，我们将在后面章节中具体为大家讲解。

6. 用户转化

线上社群学习是典型的闭环逻辑，所以，每一次学习结束之后，不要忘了进行用户转化。

从目前成功运营的社群来看，实现用户转化要以对方的目的为基础，帮助对方发展所需要的能力或者帮助对方拓展所需要的资源，关于如何实现用户转化及社群的良性运营，我们将在第四章中介绍。

第四章

线上社群学习的增长策略

前面讲过线上社群运营的一个底层逻辑是闭环逻辑，闭环逻辑的本质是裂变式销售，通过裂变式销售形成社群线上学习的持续发展。从流程上来讲，裂变式销售包括制造需求、吸引流量、塑造价值、激发信任、主动成交、持续裂变六个环节，如图 4－1 所示。

图4－1　裂变式销售环节

第一节　制造需求与吸引流量

当人有需求的时候才会产生关注，产生关注才会成为流量。

1. 制造需求

在商业当中，消费者有显性的需求，也有隐性的需求。隐性需求指消费者在头脑中存在但没有直接提出、不能清楚描述的需求。比如买衣服遮体这是显性需求，那么隐性需求是什么呢？比如为什么一个人买 2 000 元钱的衣服，而不买 20 元钱的衣服呢？因为 2 000 元钱的衣服满足了其彰显社会身份和价值的隐性需求。所以，隐性需求不是直接显示出来的，而是隐藏在显性需求的背后，必须经过仔细分析和挖掘才能让其显示出来。一个商品既要能够满足显性需求又要能够满足隐性需求。有一句话叫作引领客户需求，有的时候，客户是不知道自己有什么样的需求的，一些隐性需求没有被挖掘出来，需要组织者主动进行挖掘。

那么怎么来挖掘或者创造需求呢？答案是要制造痛点，

帮助参与者解决问题，通过这个过程把隐性需求变成显性需求。问题又来了，怎么制造痛点呢？答案是要让客户觉得他有需要解决的问题，让这个问题变成一个痛点，痛点就会激发需求，再将隐性需求变成显性需求，客户就会愿意花钱来购买。

到底什么是问题呢？如果给问题一个定义的话，问题就是落差，是理想和现实之间的差距。大家今天这么努力都是为了缩短理想和现实之间的差距。

杨帆老师（笔者之一）曾经讲过这样一个例子，有一个人向她推销喉糖，问道："杨老师你要不要买点喉糖？"杨老师说"不要。"他说："杨老师，你一年要讲多少天课呀？"杨老师说："怎么也得100多天吧。"他说："如果有一天你的嗓子出了问题说不出来话了怎么办？"杨老师说她从来没有从这个角度思考过问题，从来没有想过有一天可能说不出来话，但是当推销者这样讲的时候，杨老师觉得这的确是一个问题，作为一个培训师，如果有一天不能讲话那就糟糕了。所以推销者成功地将杨老师觉得不是问题的问题变成了一个问题，还把它变成了一个痛点。这个过程就是本来没有需求，结果却创造出需求，并把隐性需求变成了显性需求。

既然需求来源于一个问题，来源于改善这个问题，你就会发现所有的事情都是可以改善的，因为所有的事情都是可以变得更好的。任何事物都有理想的状态，当不断地拉近现实和理想之间的距离的时候，就产生了需求。所以发广告、发文案都是在刺激需求。

2. 吸引流量

为了能够吸引更多人来参与社群学习，必须要吸引更多流量。现在的商业逻辑就是要首先吸引流量，做大鱼池，然后再让销售发生。

（1） 流量入口

现在流量的入口有很多，短视频、朋友圈、今日头条、微博、简书、线下学习活动，还有参与其他社群的活动等，都能够帮你带来流量。

（2） 流量吸引

现在吸引流量更多的是基于对人的信任，而不仅仅是对品牌的忠诚。所以，每一个线上社群学习的运营者都要在自身上做文章。

①**持续发声**。大家要记住一句话，不发声 = 不发生。

不管你是在哪里亮相，都要“刷”存在感，要让别人“看”见你，你才能吸引流量。

②**制造吸引力**。吸引流量首先要吸引注意力，不管在哪个平台，有三种方法都是适用的。一种是制造美感，现在是一个讲求美的时代，甚至已经进入一个视觉化的时代，饭店装修得越来越美，人也越来越美，所以如果你发送出去的信息够美的话，会吸引注意力。二是好玩有趣。快乐是每个人的追求，大家对快乐是没有抵抗力的。三是制造槽点。如果你发送的信息可以激发大家吐槽的愿望，很多人参与评论，说明你也成功吸引了注意力。

③**打造人设**。人设并不是你是什么样的人，而是你展现出来的、被别人看见的是什么样的人，是对自己在别人心目中形象的设计，也是一个人的LOGO。就像大家看到的明星一样，看到的并不是一个立体的全方位的明星本人，而是通过经纪公司包装出来的一个人。大家在展示自己的时候，也要思考自己想让别人看见的是什么样的人。可以这样来问自己：如果我现在上了一个杂志的封面，那么我希望杂志封面用哪几个关键词来形容我？这几个关键词其实就是你想展示的人设。

④**文案写作**。不管是发了一个文章的链接，还是一张

图片，还是一段短视频，都建议写上配套文案，这样的话会显得更有温度，也更能吸引人。

⑤**个人头像**。头像要能非常好地展示你的个人气质，尽量选择清晰度高、富有美感的照片或者图片作为头像。如果希望头像能够反映出自己的专业形象，也可以使用正装照或者工作场景照片，增加辨识度。

第二节　塑造价值与激发信任

从商业逻辑上讲，客户有需求后并不一定就会产生购买行为，除了有足够的资金、意愿外，产品的价值足够大并且客户对销售者有充分的信任后才会成交，这就要求线上社群学习的运营者要主动塑造价值、激发信任。

1．塑造价值

组织者一定要有意识地塑造线上社群学习活动的价值。这也是精准定位受众群体的一个重要原因，一个内容对这部分人有价值，对另外的一部分人不一定有价值。

如何来塑造价值？一句话：**有信息不对称的地方就有价值**。

北京的一个培训师比较喜欢站桩，站了7年时间，自己觉得对强身健体很有成效，于是，有一天他就发起了一个站桩的活动。首先，他在朋友圈发了一张图片，招募对站桩感兴趣的人，大家都可以免费入群学习，前提是参与者要把招募的图片在朋友圈里发一遍。免费课程结束之后，那个培训师提议："一个人站桩不好坚持，我们大家一起站，一个人再交19.9元，我带着大家站桩21天。"于是很多朋友付费参与了站桩。这个事例说明，你不是没有有价值的资源，关键是你要挖掘出来，并且找到特定的人群。

要产生价值，一定要制造差异化和细分化。差异化就是你和别人不一样，细分化就是进入更小更精准的市场。比如有一个学员的社群是教家长讲绘本，她就主攻成长类的绘本，通过细分市场和差异化的策略，更加精准地定位了一批用户，其实你会发现越是垂直的内容越容易吸引到更加精准的客户。

2. 激发信任

人与人之间的信任是线上社群学习的基础，有了信任才会愿意购买或者加入学习活动。可以说，互联网拉近了人与人之间的距离，也让信任变得更容易。比如在平台上买东西，东西没到就已经把钱转到购物平台上了，这就是基于对平台的信任。

如何增加信任？

①**提高曝光率**。你在朋友圈经常发信息，那些即便不认识你的人，经常看到你发的朋友圈也会认为你是一个熟悉的人。

②**要做一个靠谱的人**。答应的事情就要做到，事事有回音、事事有反馈，会增加大家对你的信任度。

③多发积极向上正能量的信息，也能增加大家的信任度和好感度。

④在每次线上社群学习活动中，都尽力表现得活跃、靠谱。

第三节　主动成交与持续裂变

成交是社群学习活动具体进行的开始，持续裂变则为下一次的社群学习做招募上的准备。

1. 主动成交

成交是所有生意做成的关键环节，可以说所有的铺垫都是为了成交。即便是线上社群学习也要有成交这个环节。

（1） 定价策略

成交这个环节，有两个要素是需要注意的。一个是产品的定价策略，一个是成交的促成手段。

在做线上社群学习营销时，一定要有一个引流品、一个利润品。引流品的主要作用是把流量引来，可能不赚钱或者赚很少的钱。利润品才是盈利的主要来源。

大家在设计的时候，要充分考虑什么样的学习产品或者服务可以引流，定价多少比较合适，利润品的边际效益是多少，招生满多少边际成本是下降的等问题。

（2） 成交策略

在促成成交的这个环节，也可以采取一些策略。

①**制造紧迫感**。比如招生今天就结束了，或者招满200人就不招了，这都是在制造紧迫感。

②**制造稀缺感**。俗话说：物以稀为贵。当物品很稀少

的时候，才会引起抢购。

③**制造优惠感。**就是让对方感觉到价格低廉、性价比高。

比如有的课程设定阶梯价格，前 200 名收费 99 元，201 名到 300 名收费 159 元，301 名到 400 名收费 199 元，然后持续在群里播报报名情况，其实这就是在制造紧迫感、稀缺感和优惠感，促进成交。

2. 持续裂变

目前很多线上社群学习活动营销普遍存在的问题是消耗以前的存量，也就是消耗以往积累的一些好友、粉丝，这种方式带来的问题就是不可持续，无法裂变，这就要求社群营销完成从用户池到流量池的转变。

比如千人走戈壁项目，原来是公司组织一群人去走戈壁，每个人付费 12800 元。现在按照社群裂变的思路，人员招募的方式发生了很大改变，同样是缴费 12800 元，但不允许自己掏腰包，而是必须在朋友圈里面众筹，让其他人帮你交钱，每个人支援 80 ~ 800 元。同样是 12800 元，但是钱的来源不同，改变的意义就在于实现了传播的目的。设想一下，如果有 5 000 人报名参与众筹，其中众筹成功的

有 1 022 人，每个人要众筹 12800 元的话，背后大概需要 100 人支持，这也意味着 1 022 个成功众筹的人的背后有 10 万人，其实就变成了免费的广告，通过招募带动了每个用户背后的资源，产生了新的用户。

这个案例告诉大家，如果希望裂变，就要从用户那里入手，撬动用户背后的流量，这样才能够实现指数级的增长，才能够实现持续裂变。

第五章

打造高品质的线上社群学习场

无论哪种社群学习形式，持续输出和活跃度都是核心。

第一节　提高社群活跃度的策略

提高社群活跃度的策略有：有料、有感、有趣、有货。

1. 有料

有料就是要求有价值感。怎么能有料？如图 5－1 所示。

图 5－1　有料的五种方式

①**干货分享**。要给予参与者实实在在的收获感，而不是“水货”，要以内容为王。

②**学习复盘**。复盘能够帮助大家直面问题和收获，尤其是对收获的复盘，能够把收获显性化，让学员有饱腹感。

③**难点求助**。难点求助是学员之间、学员与组织者之间、学员与培训师之间互动的主要方式，大家在解决各自带有个性化问题的同时，互相学习、互有收获。

④**案例讨论**。对于很多抽象的知识来说，只有放在实际的案例中才能更好地与现实相结合，所以案例分析是非常好的学习转化方式。

⑤**资料搜集可视化**。让有料可以看得见，让所有的学习干货可视化。这里所说的可视化不是文字而是图片资料，因为图片资料易于保存和沉淀整块知识点，同时图片的样式和颜色可以给人带来愉悦感。

2. 有感

有感，既包括有感觉，也包括有感情。具体方法是：

①**与“我”有关**，这是有感最重要的一点，一定要让参与者感觉到这场学习与“我”有关、群内任务与“我”有关。

②**降低参与门槛**。不要设定太难的问题，让大部分人都可以参与。

③**建立情感账户**。建立相互之间的好感，比如赞美、结成对子、花式表白、联合共创等。

④**建立小组**。通过建立小组缩小人际交往范围，由组长带领在小范围内交流。

这些措施保证了社群内的所有人都有参与感，都能展示学习成果，并得到及时反馈；拉近了学员与学员、运营者与学员之间的距离，增加了彼此的好感，从而建立了情感账户，有利于线上社群学习的高效进行。

3. 有趣

线上社群学习不是刻板的学习，而是通过营造一种快乐学习的氛围，把学员的注意力吸引住。

趣味性不是在社群中讲段子，而是在机制设置上有趣，让学员参与起来有轻松愉快的感觉。群内活跃气氛的小游戏有以下几种。

①**扩大公开象限**。在扩大公开象限、进行自我展示的同时，能让学员积极主动地参与学习，真正做到寓教于乐，

比如成语接龙、猜谜语、唱歌接龙等。

②**制造惊喜**。峰终定律告诉我们，要用一些惊喜或者超出参与者预期的设计来调节气氛，比如设置抽奖环节、作业完成有礼物等。

③**增加参与次数**。增加参与次数的方法有利于保持社群的活跃度，比如以发红包、问题接龙、不断做任务等方式增加参与度。

4．有货

要帮助参与者打磨优质分享内容，通过运营者的努力，帮扶学员一点一点输出学习成果，才是我们说的“有货”。一部分学员“有货”的展示，在学习的场域里面就会让其他学习者产生从众效应。如果一个社群在努力学习、努力输出成果上营造出了“从众效应”，这一定是一个有生命力、有灵魂的学习社群。

“有货”的方法包括：

①**完成作业打卡**。没有记录也就等于没有发生，所以持续的作业打卡既能增加社群黏性，也能让参与者之间互相学习，帮助大家更好地理解和运用知识。

②**作业评选**。通过评选优秀作业的方式，鼓励参与者

展示成果。

③**角色担当**。让群成员担任角色，增加责任感，这样他们的收获感也会更足。

第二节　线上社群学习组织者的策略

要保证线上社群学习的效果，组织者就要采取可持续、可积累、可循环的策略。

1. 可持续

线上社群运营是一项苦工作，难在坚持，因为它打破了时间和空间的限制，并需要持续地引领学习，才能一点一点地激发所有人参与其中，实现建群目标。让一个线上学习社群很火爆很难，需要系统思维的搭建，可是让一个线上学习社群失败却很快很容易。

2. 可积累

在社群里面，每天都要发布学员的学习成果和感想。学习成果和感想对于运营者来说就是口碑，这些口碑会成为下次招生的推广素材。运营者的推广文案叫作“广告”，而老学员的感言则是产品的“疗效证明”。火爆的学习社群应该既有“广告”又有“疗效证明”。

3. 可循环

一个社群的发展大致会经历准备期、促活期、留存期、收获期四个阶段，如图 5 - 2 所示。

图 5 - 2　线上社群运营四个时期

（1）准备期：萌新小白

准备期是一个破冰的环节，学员刚进到一个社群，相互之间都是陌生的，所以要创造学员与学员之间的连接。

例如，通过自我介绍增加大家的熟悉度，可以根据学员自我介绍中的地区、兴趣、喜欢的书籍等，把同一地区或具有相同兴趣爱好的学员分到一组。这样一来，学员之间就会有共同话题，彼此的关系也会更加密切。

（2）促活期：价值打造

促活期主要让学员了解你的社群具体能给他带来什么，能够满足他的什么需求。在促活期，学习环节要安排得合理得当，要让学员有期待感。

例如，让学员在学习内容后完成作业输出，要让他的成果得到认可，让成果可视化。把学员的作业分享到社群内，给予一定的鼓励及点赞，让学员更愿意去输出更优质的内容，通过这一动作也能带动“观望”的学员也能参与其中。

（3）留存期：组织赋能

在留存期要给予学员一定的权利，让学员感到大家是“一家人”，增强学员的认知度和归属感，让学员可以当家做主；让学员更有参与感，才能更好地发挥其创造性，收获意想不到的结果。

例如，在社群学习中，任命一名学员当“一天群主”，这一天的群公告、群活动及分享人员全部由该群主一人安排。这样既能带动学员的积极性，也能让学员更了解组织者的良苦用心，从而增加彼此之间的黏性。

可以建立运营者和学员、学员和学员之间的情感连接。通过游戏环节，或者群内大家的互动发言，让学员回想这一天最想感谢谁，在他的身上学到了什么。通过学员的发言，大家就能了解这个学员的表达、逻辑等，也能建立彼此之间的联系，扩大学员自身的公开象限。

还可以建立社群中讲师与学员、学员与学员之间的网状连接，让彼此之间的了解更加深入，增加社群的黏性。

还可以设置一些有趣、有内容的环节，比如组队对决、团队辩论等，让学员更加依赖于社群。

（4）收获期：成果彰显

通过前三个时期的社群运营，社群与学员之间已经有了一定信任。这时候要制造好的、超乎学员预期的体验。比如对学员在群内的发言及时给出二级反馈（表扬并说明原因），与学员之间频繁互动，这样促进转化和重复购买也是自然而然的事情。

第三节　保持社群活跃度的方法

像所有事物一样，社群也会有生命周期，包括萌芽期、高速成长期、活跃互动期、衰亡期和沉寂期，如图 5－3 所示。社群运营者要做的就是延长其活跃互动期的时间，增强参与者的体验感。

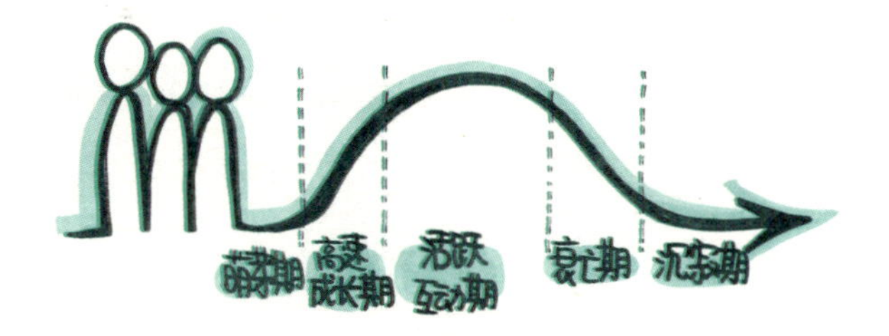

图 5-3 社群的生命周期

保持社群活跃度的方法有以下几种。

1. 组内集体的碰撞时间 + 亮相时间

如果社群中的学员较多，则尽可能地分小组展示，让学员与学员之间的接触更紧密。同时也可以通过小群减少管理难度，激活小组内的 1 ~2 人就可以带动整个小组的活跃度。规定固定的小组展示时间，在小组中，学员一定会集思广益，学员间思想互相碰撞，在正式展示中，展示形式会多种多样，图片、文字、视频、语音等都有。

例如，社群中连接的都是天南海北的人，每个地方都有每个地方的特色及文化。在小组展示中，就可以利用自己当地的特色美食，以图片 + 文字 + 语音 + 视频介绍等形式，突出小组的优势，丰富学员的阅历，提高学员的认知。

2. 组内表彰

根据学员的表现，做出展示的海报，突出名字、头像及要鼓励与表扬的语言，发到小组群内，给予一定的高光时刻，让学员有满满的荣耀感，这样也可以调动其他学员的积极性。

通过问卷调查或学员平时在群内的表现，可以设置“分享时刻”，也就是搭建一个畅所欲言的平台，推荐一些爱分享的学员进行分享，这样让学员有参与感，拥有选择权，能更好地融入社群中。或者经过一段时间的运营，已明确社群中有哪些人是优秀的，是可以给大家带来干货的，则可以定向邀约。通过这些运营动作，学员也会惊喜地发现在社群中不仅可以学到明确的知识，还可以连接其他领域的牛人。

3. 分组共读书籍及人员分工

为提高社群活跃度及黏性，要对社群进行分组。同时小组中要有负责人，班级要组建班委会，通过班委会以及小组负责人合理安排小组中每个人的角色及具体分工，使学员能更精准、更有目的性地参与进来，并更充分地掌握共读内容。将这些共读内容的选择权交给学员自主决定，使他们变被动学习为主动学习，让学员更快融入、更有主人翁意识。

4. 建立科学有效的社群学习激励

成年人的学习往往伴随着懒惰和拖延，建立科学有效的社群学习激励有助于实现运营目标和用户目标。在每一个学习型社群中都会有阶段性目标，有效的激励不但可以提高学员的参与度，也可以很大程度提高学习质量。社群激励分为物质激励、名誉激励、成长激励、学习干货激励四种。

①**物质激励**。物质激励的尺度往往很难把握，如果激励让学员感觉可有可无，学员就会失去获得的欲望。比如送一个棒棒糖、送一支签字笔，随着物质生活水平的提高，这种礼品往往很少有人要了，除非你能赋予它们特殊的意义。如果激励的奖品特别贵重，比如送一辆汽车或者一部高端手机，则运营成本又没办法支撑，当然不排除有一些高端社群可以这么做。

在选择激励奖品的时候，要掌握一个原则：要么奖励足够大，要么享受人数足够多。通常情况下让超过30%的人能够拿到激励，这个激励才是有效激励，才能够让全员都看见希望。

比如，在樊登读书的锦鲤活动中，如果1 001本书只送给一个人，则会吸引大量人员参与活动，反之如果设置为1 001个人每人一本书，那么这个活动的参与人数肯定不如前者多，因为前者的奖励足够大。

②**名誉激励**。没有经济成本的激励方法有名誉激励和成长激励两种。名誉激励是在社群中设置很多荣誉称号，比如学习小能手、优秀班委等，并配合可视化的证书。很多人质疑这种方式能管用吗？经过多次测试，这种方式已经被证明是社群学习的标配，当一个成年人参与社群学习时，荣誉证书是学习场域最受欢迎的激励方式。

③**成长激励**。打造榜样是一种非常成功的成长激励。在组织学习的过程中一定会发现很多优秀的学员，比如发现群内作业写得特别好的学员，可以邀请这个学员在群内做学习成果的展示和分享，这是榜样的力量。榜样的力量是巨大的，尤其是，当你看到同一个社群中的人那么努力、那么优秀后，受到刺激本身就是很好的行动催化剂。

④**学习干货激励**。可以整理一份稀缺的学习资料（行业报告、思维导图、学习干货PPT……），以电子文件的形式发放。设置这类激励要注意两点：一是学习资料的稀缺性，确保激励的分量；二是边际成本为零，就是每增加一份激励礼物对于社群运营来说成本不会增加。

5. 让学员自己做主，发挥学员的自驱力

还可以开放社群管理，让学员自己选择自己要学什么，发挥学员的自驱力。班委可以组织学习竞赛，其具体规则可以由运营者制定，也可以由学员自己制定。总之是要让参与者有“自己的群自己做主”的感觉。

第四节　保持社群可持续发展的原则

按照社群运营的闭环逻辑，社群可持续发展能够极大地降低运营成本、提高学员黏性，

因此即便是线上社群学习也不要做一次性买卖。

实现线上学习型社群可持续发展的原则有以下几个。

1. 让流程规律化

线上社群学习的每一个环节都要有一定的规律，如果是成立时间较长的社群，则可以设置一个循环的周期，让学员及时了解群内的动向并合理做出时间安排。

①梳理活动流程，尽可能减少被打扰的环节。在建立社群前，运营的每一个动作、流程都要想清楚，不要让无关紧要的事情打扰到你的环节，让每一个环节的活动尽可能地实现最大化增值，最重要的是要注重学员的感受。

例如，在群内通知今晚 8 点举办开营仪式，则在开营仪式前一定要和发言人员进行沟通，确定发言时间及发言时长，不要在群里突然艾特（@）一个人，让对方发言，这样不仅会令大家尴尬，也会让学员质疑运营者的能力，影响社群品牌。

②将可重复的小循环固定下来，节省精力和学员教育成本。社群中每一个环节在计划时要固定下来，因为一方面环节越多，运营者消耗的越大；另一方面，不一定是环节越多，学员就越喜欢。学员进入社群更专注于思考学习，而不是研究今天学习什么，现在到了哪个环节。只需要将

每个环节优化，让学员更享受，更依恋于设置的模式。

例如，对于读书社群来说，学习每本书的固定小循环就是：听书学习—作业思考—互动答疑，一个小流程下来，学员很明确什么环节需要完成什么任务。

③输出简单直接，让行动易懂易触发。作业打卡程序要简单直接，让学员点击进去就可以直接打卡完成作业。尽可能让学员完成作业后分享到群里，学员之间可以利用此机会进行点评交流，共同提升，获得双赢。

2. 充分利用接触点，让有效信息重复植入脑海

在社群运营中，要抓住与学员接触的每一个关键点，让信息得到充分的曝光。

①群名称前加前缀。如“禁言中”，起提示作用，让学员了解现在本群不可以发言。

②群内接龙做出一致性承诺。如“今晚 20: 00，我们不见不散!”，让学员加深记忆，信守承诺，晚上 20: 00 准时在群内相约。

③在群内宣誓，引导关键目标的有效传递。如“我宣誓，成为运营精英，我要将这一目标践行到底，宣誓人 ×

×”。大家进入一个社群，基本上都是有一定目标的，在群内接龙进行宣誓，可以提升自己的自信心，也可以更好地督促大家共同学习成长。

④调研问卷、私信的通知回复设置唯一选项。如“明晚20:00开营，我知道了”，给予学员固定回复，简单易操作，重复记忆，加深学员印象。

⑤私聊学员后收尾约定。如私聊学员通知“明晚开营啦”，拉近双方的距离，通过最后约定，达成信息的及时传递。

3. 管理预期，消除畏难

时间对于每个人来说都是宝贵的，要合理安排学员的学习时间，让学员能够切实地参与其中。

①告知学员每项任务大约花费的时间，让学员有确定感。例如，每天需要花费30分钟学习本节内容，完成作业需要10分钟，这样学员就知道他每天需要空出大约一个小时的时间去学习。

②给出学员“必做打卡”的最轻量完成路径，让学员的精力可控。通过必做打卡作业，可以使学员头脑清醒、注意力高度集中地去完成社群的作业。完成好过完美，自

己的每一次完成都是一次突破，一点点见证自己的每一次成长。

③将“总投入时间”和“产出成果”做对比，让学员感到可控和有期待。一个社群会有一定的周期，7 天，21 天，30 天，3 个月……在这其中的一个阶段，就可以给学员做一个“荣耀时刻”，用数据说明学员这个时期一共学习了多长时间，输出了多少文字，与其他学员互动了多少次，帮助其他学员解答了多少个问题等，让学员了解“最好的成长是在不经意间，你的付出一定会得到回报”。

例如，一个 30 天的社群，每 7 天是一个周期，在第 8 天通过社群运营工具查看数据，知道每个学员一共完成了多少次作业，汇总查看，挑选出几位表现优秀的学员，做出精美的海报，在群内展示。比如：某学员通过 7 天学习打卡，每天花费 1 小时，共计完成 7 次打卡，共输出 1 万字。7 篇作业中有 4 篇被评为精选作业，输出就是最好的输入，恭喜某学员，被评为“优秀达人”。通过这样的“荣耀时刻”，将学员投入社群的时间及产出成果做对比，用数据说话，直接准确的展示能激发学员对下一阶段的期待，助力学员遇见更好的自己。

4. 让学员参与运营

给予学员一定的权力，让学员参与运营，这是社群运营中非常好用的一个办法。人人都希望成为主角、人人都希望获得关注，参与社群运营能让学员获得更多的表现机会，通过学员的创造、沟通、组织等产生的内容，提升社群的价值，从而增强学员的黏性及活跃度。

第六章

线下社群学习的过程策划

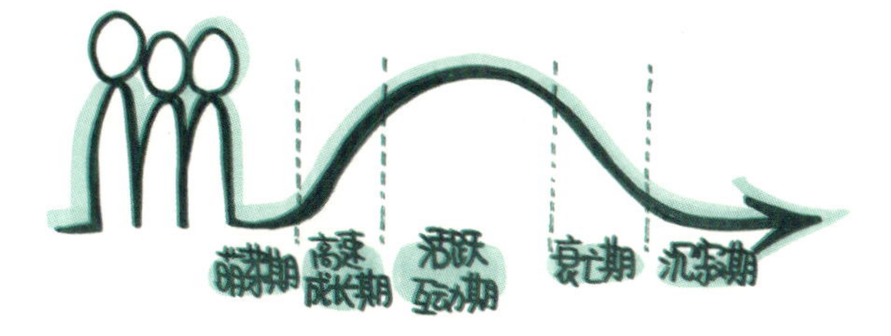

线下社群学习的设计主要包括过程策划、内容讲授设计、活动设计、具体实施四个方面，这一章重点讲解过程策划。

事物发展所经过的程序、阶段被称为过程，任何事物都在过程中发展变化，并且由过程构成。线下社群学习活动也是一个过程，由各种要素和阶段构成。线下社群学习的过程策划包括目标管理、主题确定、要素确定三个方面。

第一节　线下社群学习的目标管理

目标是航标，是灯塔，是前进的方向，也是活动结束之后对活动进行复盘的重要依据。

目的是应达到的效果或结果，目标是要达到的效果的量化指标。目的比较概括和抽象，是某种行为活动的普遍性、终极性的追求。目标比较具体，是某种行为活动的特殊性、个别化、阶段性的追求。目标要为目的服务。

每次举办线下社群学习活动的目的可能不同，比如服务客户、发展新会员、扩大影响力、提高品牌知名度、二次销售等。围绕这些目的，要设定每次社群学习的目标。

第一章提到社群学习要达到认知提升目标、技能提升目标、情感体验目标、人际关系目标、粉丝沉淀目标以及个人 IP 目标六大目标，并且对这六大目标进行了解释。组织者在社群学习活动开展之前要认真思考，此次学习要达成六大目标中的哪几大目标？重点达成哪个目标？每个目标中的具体衡量指标是什么？

在目标管理中，有一个很重要的原则叫 SMART 原则。

S 代表具体（Specific），指绩效考核要切中特定的工作指标，不能笼统。

M 代表可度量（Measurable），指绩效指标是数量化或者行为化的，验证这些绩效指标的数据或者信息是可以获得的。

A 代表可实现（Attainable），指绩效指标在付出努力的情况下可以实现，避免设立过高或过低的目标。

R 代表相关性（Relevant），指绩效指标是与工作的其他目标相关联的，绩效指标是与本职工作相关联的。

T 代表有时限（Time-bound），注重完成绩效指标的特定期限。

设计线下社群学习目标的时候也要遵循 SMART 原则，尽量设立具体、可度量、可实现、相关联、有时限的目标。

认知提升目标可以用以下词汇来描述：

知道________________

领会________________

应用________________

分析________________

评价________________

当然对于不同的学习内容，目标是不同的，不一定都达到评价的程度，有的可能只是达到应用或者分析的层面，甚至更低的知道和领会层面就可以。

比如用“可复制的领导力”这门课程做社群学习的话，可以把认知提升目标设定为：“让参与者认识到领导力是可以复制的，知道员工的三种类型，领会管理者角色，会应用沟通视窗，能够用人生均衡发展的八个方向来分析自身目前状态，学会评判管理者行为是否恰当。”正如上面所说，并不一定在每一次社群学习中都设置这么多认知提升目标，可以根据社群学习的具体目的来确定。

技能提升目标可以用以下几个指标来进行评价：

学会在__________情况下应用__________技能

熟练应用__________

创造性地使用________

比如“可复制的领导力”社群学习的技能提升目标可以设定为：“学会在员工行为不当时运用 BIC（Behavior Impact Consequence，事实、影响及后果）进行反馈，在员工做出较好行为时会运用二级反馈给予反馈；熟练应用目标书写公式确定管理目标；创造性地运用沟通技巧与员工进行沟通。”当然，在设定技能提升目标时，要根据目的需要设定可行的、可达成的技能提升目标。

情感体验目标可以用以下词汇来表达：

觉察______________

接纳______________

表达______________

建立______________

比如“可复制的领导力”社群学习的情感体验目标可

以设定为："觉察到学习现场的热烈气氛，接纳自己和他人的行为及情绪，表达出自己的感受和想法，建立积极正向的情绪。"

人际关系目标可以设定为：

认识________________

记住________________

深度交流________________

长期联系________________

比如"可复制的领导力"社群学习的人际关系目标可以设定为："通过参与社群学习认识5位参与者，记住或者添加3位参与者微信，与2位参与者进行深度交流，选择一位参与者长期联系。"

粉丝沉淀目标可以设定为：

吸纳________________新成员参与活动

有________________新成员产生购买行为

有________________老成员愿意再次加入或重复购买

有________________老成员愿意介绍新成员

比如"可复制的领导力"社群学习的粉丝沉淀目标可

以设定为："吸纳 10 位新成员参与活动，有 3 位新成员愿意购买会员，有 15 位老成员愿意再次购买会员，有 8 位老成员愿意介绍新成员。"

组织者可以结合本次活动的目的，综合设定活动目标。比如某次"可复制领导力"线下社群学习活动的目的是扩大樊登读书的影响力，那么在设定目标的时候就要侧重品牌宣传，因此参与者的认知提升、技能提升、情感体验目标就较为重要，可以将此次活动的目标设定为："让参与者认识到领导力是可以复制的，学会在员工行为不当时会运用 BIC 进行反馈，在员工做出较好行为时会运用二级反馈给予反馈，在学习现场体验到积极向上、友善的气氛，愿意转发学习现场图片到朋友圈。"

表 6－1 是一次线下社群学习活动的目标表，大家可以作为参考。

表 6－1　线下社群学习活动目标表

活动主题：他人的力量	活动时间：2020 年 7 月 10 日
目标名称	具体内容
认知提升目标	（1）知道人际关系的四种状态，并且能对现实中的人际关系状态进行分析 （2）理解人际关系的五步阶梯 （3）理解构成信任的五要素

（续）

活动主题：他人的力量	活动时间：2020年7月10日
目标名称	具体内容
技能提升目标	掌握避开人际关系“百慕大三角”的技巧
情感体验目标	（1）感觉放松、安全 （2）被接纳、被支持
人际关系目标	每位学习者至少认识一个新伙伴
粉丝沉淀目标	（1）建立一个社群，加10个人的微信 （2）80%以上的参与者愿意传播社群活动的信息
个人IP目标	至少有5位伙伴主动添加组织者的微信

在填写社群学习目标的时候，尽量要具体、可实现、可度量，这样才更有利于社群学习活动结束之后的复盘。

有了目标，社群学习的设计会更加聚焦。一次社群学习大约1.5~2小时，不要企图在这么短的时间内实现所有的目标或者给出很多知识点，如果太关注认知提升或者技能提升目标，忽略情感体验目标或者人际关系目标，你就会发现整个活动干货太多，参与者吸收起来比较辛苦。当可以兼顾更多目标的时候，在选取内容的时候应有侧重，在设计活动的时候更能兼顾多样性、有效性。

第二节　线下社群学习的主题确定

社群学习是先有主题还是先有目标？其实并没有固定的顺序。有时候，可以先有一个目标，再选定一个主题；有时候，也可以先有一个主题，再思考目标。这两种方式都是可以的。因为线下社群学习活动一般时长不会超过2个小时，所以往往需要选择一个恰当的主题。

1. 线下社群学习主题确定的原则

线下社群学习主题确定的原则包括以下六个方面。

①**具有相关性**。主题是为一定的目标服务的，应该与目标具有一致性、关联性。

②**具有吸引力**。要明确主题设计是给参与者看的，所以要从参与者的角度去思考，什么样的主题是他们感兴趣的、能够吸引他们的。吸引力是指能引导人们沿着一定方向前进的力量，要想使参与者愿意拿出时间参与活动，就必须要有一种能够引导他们前来参与的力量，要制造一种吸引力。

③**具有清晰度**。清晰度是指主题应该明确易懂，表达清楚，不要故弄玄虚，不要产生歧义。

④**具有适用性**。适用性是指对于参与者的实用价值。一方面，所有的线下活动与商品一样有自身的定位和群体，所以没有任何一个线下活动适合所有人，每个活动都会有特定人群的要求；另一方面，从参与者的角度来讲，时间成本是最大的成本，如果活动不能够解决一些现实问题，也不会有人愿意参加。

⑤**具有延展性**。延展性本来是金属学中的用语，现在也把它用在经济学中。在经济学中，延展性是指企业能够从核心竞争力衍生出一系列的新产品和新服务以满足客户的需求，不仅是当前的需求，还包括潜在的需求。这里的延展性与经济学中延展性的含义类似，是指主题能够引发参与者联想的宽度。

⑥**具有传播力**。传播力实质就是实现有效传播的能力，一个好的主题自带传播效果，参与者愿意自发地予以传播。

在同一个目的和目标之下，可以设计出来几个主题，也可以从以下几个维度进行评分，如表 6－2 所示，再做出选择。

表6-2 线下社群学习主题评估表

主题	相关性	吸引力	清晰度	适用性	延展性	传播力	总分	排序
主题一								
主题二								
主题三								

2. 线下社群学习主题的形式

线下社群学习主题的形式有以下五种。

（1）书名即为活动名，比如《OKR 工作法》翻转课堂。

（2）内容式的，比如情绪管理的妙招。

（3）对象加内容，比如领导者情绪管理。

（4）对象加内容加收益，比如领导者三步学会情绪管理。

（5）主副标题式，比如我的情绪我做主——情绪管理小妙招。

第三节　线下社群学习的要素确定

组织一场线下社群学习，需要在活动开始前明确时间、

地点、对象、活动的过程设计等内容。

1. 时间和地点的确定

线下社群学习受时间和空间的限制，因此时间、地点的确定要慎重。

如果是企事业单位内部组织的线下社群学习，则可以安排在工作时间进行；如果是招募社会人员来参与的线下社群学习，则一般设在晚上或者周末比较容易聚集人气的时间段。

线下社群学习的地点可以有很多选择，不仅限于教室，还可以选择咖啡馆、书吧、花店、会议室、孵化基地，甚至只要是可以容纳一定人群的地方都可以。

但是对地点有几点要求：一是最好交通便利，可以节省参与者的时间；二是场地要相对宽敞，一般线下社群学习的参与者彼此之间都不是特别熟悉，太过于密闭的空间会让人紧张，不利于参与者融入活动过程；三是最好有投影、音响、白板等设备，这样可以更好地开展社群活动；四是最好有饮用水的供应，喝水可以解渴，也可以缓解紧张和尴尬的局面。

场地的一个非常重要的作用是利用原有的结构、家具、颜色、气味、空间等元素形成一定的氛围和感觉，因此，选择的场地应该与主题和参与者相匹配。与传统文化相关的活动可以选择按中式风格装修的场地，比如茶室；与科技相关的活动可以选择现代感强一点的场地，比如科技馆；与人际关系相关的活动可以选择咖啡馆、酒吧等。

2. 对象的确定和来源

线下社群学习的对象按照来源分成两类，一类是企事业单位内部员工；一类是通过社会招募来的人员。

企事业单位内部员工的招募方式可以是强制参加，也可以是自愿报名。什么样的人参加线下社群学习一般由目标和主题决定，当然也可以从参与者出发确定目标和主题。

相对来说，社会招募来的人群对象的确定和招募过程要复杂一些。对象的确定一般从目标和主题出发。从社群运营的逻辑来看，首先要有特定的人群关注才会有人报名参与，所以需要先建立“鱼池”，再从“鱼池”中进行招募。建立“鱼池”并非一日之功，需要时间的积累；从鱼池中进行招募常用的方法是直接发布公告、微信公众号文章内含招募信息、短视频直播招募，以及运用一定的规则招募、合作招募等。

直接发布公告是一种直接的招募方式，通常是将招募海报发布在朋友圈或者微信群里，也可以直接发邮件。海报上一般应该包括线下社群学习活动的主题、主讲人、主讲人简介、参与者收益、时间、地点、联系人等信息。这种方式的优点是简单直接，但是可以辐射到的人群比较有限。

微信公众号发布内含招募信息的文章、短视频直播招募都属于间接招募方式。间接招募是借助可以快速传播的媒体来传播招募信息。这种方式的优点是传播范围比较广；缺点是对组织者的创造能力要求比较高，招募效果不好保障。

运用一定的规则进行招募，主要是采取限时报名、多人同时报名免费或者有赠送等方式进行招募，要么制造紧张感，要么制造优惠感，从而提高报名率。

合作招募是与其他社会资源合作进行招募的一种方式，比如与其他场地供应方或者媒体合作进行招募。

3. 活动的过程设计

线下社群活动的过程设计是对线下社群活动实施全过程的构想和梳理，为活动实施做好准备。主要包括活动前、活动中、活动后三个阶段。

（1）活动前又分为筹备期和执行期两个阶段。筹备期要确定活动方案、进度表、场地、嘉宾，执行期要确定宣传方式、文案、报名流程、话术、活动物料、推广渠道。

（2）活动中包括场地布置、签到、开场前、开场、活动主体、突发现场情况应对、散场等环节。

（3）活动后包括全过程宣传文案或者小视频制作、传播、回访、复盘等环节。

线下社群活动的具体构思和实施将在本书后面的章节进行介绍。

第七章
线下社群学习的内容讲授设计

线下社群学习的内容是为目的、目标和主题服务的，所以要围绕以上三点选取内容。

比如“可复制的领导力”的内容比较多，一次线下社群学习只能学习其中的一部分，如果围绕目的、目标把主题确定为“做会反馈的领导者”，那么在选取内容的时候就要聚焦“给予和接受反馈”的部分。

选取好内容之后，还要对内容的呈现进行设计。因为理论总是干巴巴的，不好消化和理解，必须要用参与者喜欢的方式进行输出，所以要对内容讲授的方式进行设计。

一般内容讲授设计包括四个部分：导入、知识点、解释、强化。

第一节　导入

导入是从课程开始到进入课程的中间环节，既包括全部线下活动的导入，也包括某一个知识点的导入。

全部线下活动导入的主要目的是建立一种亲和、安全、放松的环境，让参与者愿意参与其中，具体方法将在活动设计的部分进行讲解。

知识点的导入部分，就像登山不会一步登顶，需要一步步走到山顶一样，学习一个知识点也不是直接给出知识点，而是要给新知与旧知之间修建一个坡道，激发参与者探索的热情。

认知心理学研究表明，影响学习效率和学习方式的因素有三个：能力、知识背景和动机。能力是一个人完成一个目标或者任务所体现出来的综合素质；知识背景是一个人在学习新知识之前，已经拥有的知识，知识背景决定了学习的深度。动机是引发人做出某种行为的力量和念头，动机是一种强大的精神力量。

《交互式培训：让学习过程变得积极愉悦的成人培训新方法》这本书对动机进行了详细的阐述。该书认为动机受到三个主要因素的影响：价值、信心和情绪。

动机与价值是一种正向关系，学习者认为某件事情越有价值，态度就越积极。所以，当学习者认为某项知识越有价值时，其学习动机越强烈。动机与价值、信心的关系

如图 7－1 所示。

为此，组织者在社群学习导入的时候要塑造接下来要讲的知识的价值，激发参与者的学习动机。

动机还与信心密切相关，信心不足与动机不足呈因果关系，随着学习者信心的增加，动机也会增强；但是并不是越自信，动机越强，而是如果过度自信，则会认为要学的内容过于简单，反而降低参与者的学习动机，所以要让参与者的自信心保持在适当的水平。

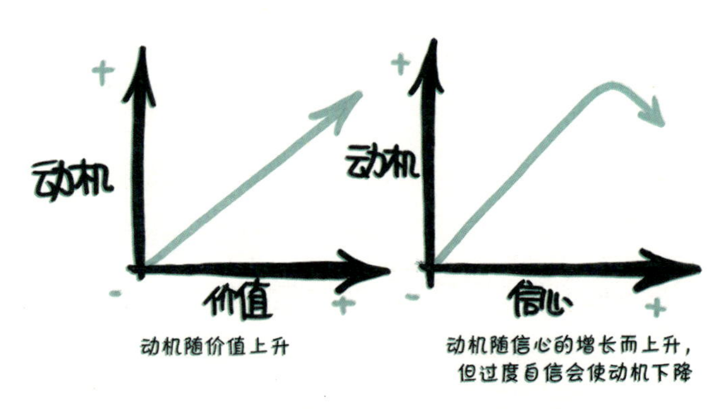

图 7－1　动机与价值、信心的关系

动机当然也与情绪相关，积极的学习和工作氛围能改善人的情绪，提高其学习和工作动机。

由此可见，要提高参与者的动机，需要从价值、信心和情绪三个方面入手。这也是导入部分要解决的问题。

下面先介绍塑造价值。

要塑造价值就要找到问题、激发痛点。方法有三种：第一种是问题罗列法，第二种是直接给出价值法，第三种方法是提出问题法。

（1）问题罗列法。问题罗列法是罗列参与者可能存在的问题，比如“你就是孩子最好的玩具”线下社群学习的导入，可以设计为：先让大家讨论陪伴孩子的理想状态，再罗列出现状，找到现状与理想之间的差距，最后指明后果。这样的方法让参与者意识到问题的存在和严重性，更能够激发起学习的兴趣。比如在“你就是孩子最好的玩具”某次社群学习中的导入部分，可以用问题罗列法列出一些引发参与者思考的问题：你有没有否定、忽视或者轻视孩子的感受？你有没有用打击孩子的方式去惩罚和教训他们？你有没有用冷漠或者忽视这种消极的方法去驱使他们？

（2）直接给出价值法。直接给出价值法是直接告诉参与者参加本次活动可以获得的收益，比如在“你就是孩子最好的玩具”某次社群学习的导入部分直接给出本次活动的五大收益：找到孩子“不听话”的五个原因、掌握对孩子说“不”的三种具体方法、掌握帮助孩子建立自信心的两种方法、掌握引导孩子情感的七种方法、掌握培养孩子社交习惯的四种方法。

（3）提出问题法。可以直接问出一个比较难的问题让参与者回答，也可以把问题放在一定的情境中启发参与者回答。比如在“你就是孩子最好的玩具”的活动中，可以这样提问：你在陪伴孩子的过程中最大的问题是什么？如果你下班回到家很累，又要做饭，孩子又缠着你和他玩，你要怎么办？

通过这样的方法激发参与者的动机，可以一步步把参与者引入学习场景，引出具体知识点。

导入的具体呈现形式也是多种多样的，比如通过做游戏、看视频、讲故事、讲案例、研讨等都可以，具体形式将在后面的章节中进行讲解。

第二节　知识点

苏格拉底认为，所谓知识必须满足以下三个条件：信念的条件、真的条件和证实的条件。由此得出结论：知识是经过证实了的真的信念。知识输出是每一次线下社群学习的主要内容。

关于知识的分类有很多争议，我国著名的心理学教授皮连生从广义上将知识分为三类：陈述性知识（declarative

knowledge)、程序性知识(procedural knowledge)和策略性知识(tactical knowledge)。布鲁姆的分类学把知识分为四类:事实性知识、概念性知识、程序性知识与反省认知知识。美国的提雅吉博士把知识分为三大类别:知识类知识、技能类知识和心态类知识,进而又进一步划分,将知识类知识分成陈述性知识、流程性知识、概念性知识和原则性知识;将技能类知识分为智慧技能知识、动作技能知识和人际技能知识;心态类知识不再细分。目前培训界采用的往往是提雅吉博士的分类。陈述性知识是描述事情是什么的知识;流程性知识是描述事情发展步骤的知识;概念性知识是对定义和释义进行描述的知识;原则性知识主要与规则相关;智慧技能知识是运用大脑进行综合分析、对比、评价的知识;动作技能知识是指需要动口动手、需要思维和身体肌肉共同来参与完成的技能知识;人际技能知识是与人际交往互动相关的技能知识。心态类知识是涉及价值观、信念、文化的知识。

不管哪类知识点,都表现为用陈述句来表述。

在一次线下社群学习中,可能涉及多种知识点。比如在"做会反馈的领导者"的主题活动中,"什么是反馈"是概念性知识;"反馈分为两种"是陈述性知识;负面反馈的流程是流程性知识；正向反馈的原则是原则性知识；分析一个领导者的反馈是否恰当是智慧技能；学会用 BIC 做反馈是人际技能；学会倾听中的微笑和身体语言是动作技能；改变对反馈的态度是心态类知识。

通常，并不需要在讲解时特别甄别是哪种类型的知识点，但是对知识的分类有助于活动组织者明确本次培训知识的多样性，并且为了保证社群学习活动丰富有趣，应尽可能地选取多样化的知识点。

也可以做一个表格来评估课程的知识点，如表 7－1 所示。

表 7－1　社群学习知识分类表

知识点	知识类				技能类知识			心态类知识
	概念性知识	流程性知识	陈述性知识	原则性知识	人际技能知识	动作技能知识	智慧技能知识	
知识点 1								
知识点 2								
知识点 3								
知识点 4								
……								

不管是哪类知识，在社群学习活动中都要准备一定的量。

第三节 解 释

解释是对知识点进行说明的过程。

一般而言，知识点就是一个结论，但是当人们听到一个结论的时候，会天然地产生疑问，为什么是这个结论而不是别的结论？这也能解释小孩子总是问起来没完。比如，小孩子看见一个飞机会问：这是什么？这是飞机。什么是飞机？会飞的机器就是飞机。为什么我的小车不能飞呢……

与此同时，知识或者理论是从实践中总结出来的被抽象的结论，既然是抽象的，就不如具体的事物那么好理解，因此就需要运用一些方法，把这些知识或理论描述成大家能够理解的具体的事物，也就是进行解释和说明。

解释又包括两个部分，一部分是说明，是用抽象的语言对知识点和理论进行说明；另一部分是证明，为了确保对方听懂而采取的一些证明的方法和手段。

观点

比如《可复制的领导力》中有一章是“管理就是通过

别人完成任务的”，其中提出有一种管理者“他们妄图以一己之力完成所有任务，不借助团队成员的力量，始终忙忙碌碌，员工反倒非常清闲”。这是一个观点也是一个知识点，那么怎么对这个知识点进行解释呢？

说明

樊登老师接着这样讲道：在现实生活中，我们见过很多在员工中口碑还不错的管理者其实是这样的：白手起家，以敬业、勤奋著称，公司运营了很多年，开始步入正轨，随着业务不断扩大，发现忙不过来了，那就招聘员工吧，让他们分担自己的工作。但员工行不行呢？得盯着点儿，小心他们犯错，于是大小事务都要过问，整日里忙忙碌碌，员工却备感压力。老板这样做有一定的好处，比如少雇员工、节省成本、保证做事质量；坏处也是显而易见的，没有给员工足够的信任，他们必然不会经过磨炼，不能独立承担重要任务，一直在等待老板的指令，而老板却疲于奔命，到头来，双方都得不到成长。

用球队来打个比方：就好比你是前锋，觉得后防不力，就老帮后卫防守；觉得中场组织很差，就老帮中场组织拿球。当球队需要往前传球、破门得分的时候，却找不到你这个正印前锋的影子，那球队还能赢得了球吗？

证明

从央视离职后，我曾创办过一本名为《管理学家》的杂志。有一次，我带着杂志的市场总监去跟其他单位谈合作。谈完之后刚出对方单位的大门，市场总监就非常生气地跟我说："我不干了。"我很诧异，赶忙问他原因。市场总监答道："你根本不需要我，整个谈判过程都是你自己说，我连嘴都插不上。"那时，我觉得有些委屈，心想这个市场总监未免太矫情了。到后来我才认识到，对方站在你身旁，却发现自己不被需要的感觉是多么难受。从那时起，我就意识到，一个优秀的管理者，要克制自己对事情的"不放心"，给员工更多的表现机会，尽量放权给员工，让他们独立完成工作。

从上面的例子可以看出，一个知识点完整的解释应该包括说明和证明两个部分。说明的部分就是用参与者能够听懂的语言对知识点进行阐述；证明的部分就是提供恰当的例证，证明知识点的正确性。

线下社群学习很重要的任务就是用恰当的形式帮助参与者理解知识点，所以说明和证明的环节是连接知识与参与者、新知与旧知的重要纽带。

一个人学会新知识一定是建立在拥有一定的旧知识的基础上的，所以你不可能教一个不会加减乘除的人学会二元一次方程。这就要求组织者解释的时候要考虑到参与者所拥有的旧知识，用说明和证明减少信息不对称，从而帮助参与者接受并且学会知识点。

信息不对称是开展社群学习的起点，因为有了信息不对称，大家才有了学习的动力，但是信息不对称要适当。一般来说学习有三种状态，处于认知世界三个区，如图7－2所示。

图7－2　学习状态的三个区

（1）**恐慌区**。当信息不对称过大的时候，学习者感觉自己学不会，就会产生恐慌。

（2）**学习区**。也就是学习者稍微努力，就可以借助旧知的“梯子”攀登到新知的高度，这时候学习带给学习者的是愉悦、自信，此时的信息不对称是最恰当的。

（3）**舒适区**。在这个区域，学习者感觉到信息不对称过小，有很多信息都是自己知道的，学习的兴趣不够浓厚。

社群学习要做的是让参与者始终处于学习区，既让参与者感觉有一定的难度，同时又可以学会。所以，在做说明的时候，一定是以参与者的旧知为基础循序渐进的，以上一个知识点为新知识点的“脚手架”，一步一步引导参与者抵达学习的彼岸。

而且知识点给出的速率不要太快，要给参与者时间，对信息进行消化吸收。这就像给一个漏斗注水，一次注入的太多水就会冒出来一样，要用适当的速度注入才行。

在证明的环节主要是验证知识点的正确性，方法有很多。

（1）**举例法**。这是最常用的证明方法，当对方不理解的时候，就可以说“我给你举个例子”。从脑科学来讲，在学习的过程中，只有激活大脑当中相关的记忆，才能够接受新的东西。从认识论的角度来看，一个人形成认识是从感性认识到理性认识，再到感性认识，再到理性认识的过程，即从实践到理论，从理论到实践，再到理论的循环往复的过程。所以讲解任何一个知识点，都离不开用参与者熟悉的事物做案例进行类比的过程。

（2）**故事法**。可以用故事来做论证，故事和案例的区别在于故事可以是虚拟的，案例必须是真实的。

（3）**作类比**。所谓类比，是指由两个对象的某些相同或相似的性质，推断它们在其他性质上也有可能相同或相似的一种推理形式。比如马云曾经做过这样的类比：公司是辆拖拉机，安装一个波音 747 的引擎一定会让公司四分五裂，阿里巴巴发展之初曾经找过一个世界 500 强的高管做公司总裁，人家之前的预算是 5 000 万美元的级别，而公司只有 100 万元人民币，做个广告就花完了。通过这样的类比，我们很容易明白一个道理，要选择适合公司规模的职业经理人。

（4）**给数据**。数据往往更具有可信度。比如观点是国家在科研方面投入持续增加，为了证明这个观点，就需要引用官方数据。国家统计局正式发布的《中华人民共和国 2019 年国民经济和社会发展统计公报》显示，在科学技术和教育方面，全年研究与试验发展（R&D）经费支出 21 737 亿元，比上年增长 10.5%，与国内生产总值之比为

2.19%。截至年底，正在运行的国家重点实验室515个，累计建设国家工程研究中心133个，国家工程实验室217个，国家企业技术中心1 540家……这样的数据就很有说服力。

（5）**做对比**。为了说明某一事物，我们还可以通过对比来证明。比如如果说我国的高铁里程世界最长，就需要把我国高铁里程与其他国家进行对比。

（6）**反证法**。这是一种常用的克敌制胜的论辩武器，不直接对对方的论点、论据及论证方式进行正面驳斥，而是按照对方的逻辑和思路推导出一个明显荒谬的结论，使其论点不攻自破。比如王戎7岁时，与小伙伴们外出游玩，看到路边的李子树上结满了果子。小伙伴们纷纷去摘取果子，只有王戎站在原地不动。伙伴问他为什么不去摘？王戎回答说："树在道边而多子，此必苦李。"小伙伴摘取一个尝了一下，果然是苦李。这就是运用的反证法。

第四节　强化

学习是学和习两个部分的组合，学是学会新知，习是练习强化。所以线下社群学习不仅仅要有学的过程，还要

有强化练习的过程，尤其是技能类知识，听懂和会做之间的距离只有通过练习来缩短。

这里指的强化不仅仅限于练习，只要是能够帮助参与者记忆和使用知识点的方法，都叫作强化，它包括结构化梳理、复习、练习、反馈四个部分。

1. 结构化梳理

研究表明，人类天然地追求秩序，如果秩序缺失，人类会人为地制造秩序。比如为各种物品命名，将各种建筑材料按照一定的方式组合成房屋等。

对学习的研究表明，学习内容越是结构化，也就是说创造了学习的秩序，人们学会的可能性越大。主要有以下三点原因：

①对人类记忆的研究表明，人类更倾向于记忆一组有关联的信息，而不是机械地记住某一个孤立的信息。

②信息加工理论认为，记忆过程就是对输入信息的编码、存储和提取过程。只有经过编码的信息才能被记住，编码就是对已输入的信息进行加工、改造的过程，编码是整个记忆过程的关键阶段。学员主动对知识点进行结构化梳理的过程，就是用自己的方式对信息进行再编码的

过程。

③在人类记忆的过程中特别需要“记忆助手”，就是把某个信息与过去熟知的相关信息联系起来，这样就相当于有一个记忆的锚点，方便提取。比如你叫陈晓勤，在自我介绍的时候可以说：“我叫陈晓勤，是当天拂晓出生的，我妈妈给我起名叫陈晓勤，寓意是拂晓出生的孩子要勤奋，请大家记住我的名字，陈晓勤。”这样的方法能够帮助别人更好地记住你的名字。

基于以上原因，在社群学习中要帮助参与者对学过的知识点进行结构化梳理，并且建立起不同知识点之间的联系。

具体可以用分组、建立模型、制作对比图表、画象限图、画流程图、画金字塔图、画思维导图等方法来帮助参与者建立知识结构。

（1）分组

分组是对信息进行分类整理，将性质一致的事物放在一起的一种方法。

比如在“可复制的领导力”线下社群活动中邀请参与者对领导者类型进行分组。

（2）建立模型

建立模型就是把知识组成一个记忆模块，既方便理解又方便记忆。比如大家出门之前会在心里默念一遍“伸手要钱”（谐音，即身份证、手机、钥匙、钱包），这就是一个最简单的模型。

在“销售就是玩转情商”的线下社群活动中，我建立了 FABE（特点、优势、利益点、证据）法则这样的模型，如图 7－3 所示。

图 7－3　FABE 法则模型

（3）制作对比图表

制作对比图表是从几个维度对两个或两个以上的事物

进行比较，从而更加突出各自特征的一种方式。比如对KPI（关键绩效指标法）和OKR（目标与关键成果法）进行对比，可以用图表来进行，如表7-2所示。

表7-2 KPI与OKR对比

	KPI	OKR
本质	绩效考核工具	沟通和管理工具
前提	未来可预测，职责分工明确，严格执行，目标能数字化	上下方向一致，每个人都是“领导者”，公开透明
激励	激励手段，与薪酬挂钩	激励手段，不与薪酬挂钩
环节	不公开	公开透明
导向	结果导向，关注事情做了没做	产品导向，关注事情的成果
目的	考核员工	时刻提醒每个人的任务是什么
灵活性	不接受改变	可以根据实际情况调整

（4）画象限图

比如在“销售就是玩转情商”线下社群活动中，让参与者通过划分象限的方式，来记忆不同的客户分类，如图7-4所示。

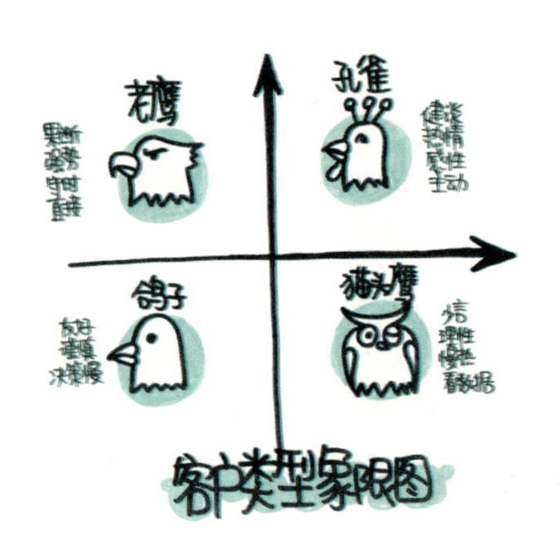

图 7-4 客户类型象限图

（5）画流程图

把事物的顺序按照流程图排列出来，比单独的文字表述更清晰。比如在“关键对话”线下社群活动中，可以用流程图把关键对话的步骤表示出来，如图 7－5 所示。

图 7-5 “关键对话”步骤流程图示例

（6）画金字塔图

画金字塔图是非常好的对思维进行整理和结构化的方式。

比如在“能力陷阱”社群学习中，组织者可以邀请参与者画出“打破能力陷阱”的金字塔图。从文字上来表述“打破能力陷阱”主要做的三件事：重新定义工作，建立良好的人际关系网络，改变做事的方法。这段文字画成金字塔图更便于理解和记忆，如图 7－6 所示。

图 7－6　金字塔图示例

你会发现金字塔图更直观，这几句话之间的关系也更清楚，而且把抽象的文字转化成图片之后更容易记忆。

（7）画思维导图

思维导图和金字塔图的作用类似，樊登老师在讲书的过程中经常使用思维导图，在社群学习中也可以应用思维导图帮助参与者强化记忆。

2．复习

人的记忆分为感觉记忆、短时记忆和长时记忆。感觉记忆一般持续时间为0.25～2秒，一切输入记忆系统的信息，首先是通过感觉器官的活动产生感觉知觉的。短时记忆一般持续5秒～2分钟，短时记忆又分为直接记忆和工作记忆，直接记忆是未对信息进行加工的记忆，工作记忆是对信息进行编码操作的记忆，工作记忆经过重复即可进入长时记忆。长时记忆保持时间最长，甚至可能保持终身。

结构化梳理的目的是让记忆可以进入工作记忆，也就是实现短时记忆，但是短时记忆会随着遗忘曲线失效，所以就要不断复习、重复，加深印象，使短时记忆变为长时记忆。

德国心理学家赫尔曼·艾宾浩斯研究的记忆遗忘曲线（见图7－7）告诉人们，学习中的遗忘是有规律的，遗忘的进程不是均衡的，不是固定的一天遗忘几个，过几天又遗忘几个，而是在记忆的最初阶段遗忘的速度很快，后来就逐渐减慢了，到了相当长的时间后，几乎就不再遗忘了，这就是遗忘的发展规律，即“先快后慢”。

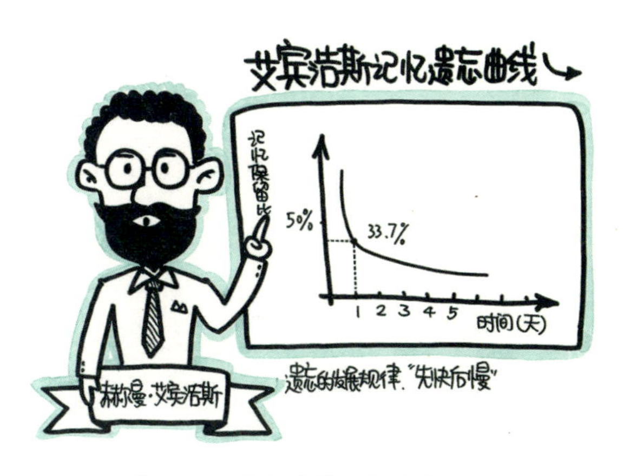

图7-7 艾宾浩斯记忆遗忘曲线

观察这条记忆遗忘曲线，你会发现，学得的知识在一天后，如不抓紧复习，就只剩下原来的33.7%。随着时间的推移，遗忘的速度会减慢。有人做过一个实验，两组学生学习一段课文，甲组在学习后不久进行一次复习，乙组不复习，一天后甲组记住课文的98%，乙组记住56%；一周后甲组记住83%，乙组记住33%。乙组的遗忘平均值比甲组高许多。

阿尔伯特·马拉比安的研究也表明，如果人们只听一遍信息，30 天后只能记住不到 20%，但是如果在 30 天之内这个信息在不同节点被重复 6 遍，30 天后，人们会记住信息的 90%。

所以在社群学习过程中，如果想让参与者强化对知识点的印象就必须多次复习，不断强化记忆。具体复习方法将在活动设计这一章中进行介绍。

3. 练习

练习是比记忆更高层次的智力劳动，需要理解、运用知识点，并在运用过程中不断纠错。鲍勃·派克在《重构学习体验》这本书中写道："我认为培训应该有一个目标是让学员离开教室的时候充满自信，而不是被老师吓个半死——他们应当对自己学到了很多新知识、会做很多新的事情感到很兴奋，对自己未来的应用充满信心。"我深为赞同。在练习过程中不断把新旧知识建立连接，通过用新知识解决问题，可以带给人自信心和幸福感，更会带来继续学习的动力。如果在社群学习中总是灌输高大上的理念，而不让参与者亲自运用那些理论和工具解决问题，参与者反而会变得更加自卑，因为他们会产生深深的焦虑感，这是一种知道得太多却做不到的焦虑感。

一般人在学习过程中会经历四种状态，如图7-8所示，第一种状态是无意识无能力，在这个阶段“我”没有意识到这个知识很重要，也不具有这个能力，也就是说对该知识基本无感；第二种状态是有意识无能力，是指“我”已经意识到这个知识很重要，但是没有能力，这个阶段对知识是渴望的；第三种状态是有意识有能力，是指“我”既知道这个知识很重要，同时又可以通过学习具备相应的能力，这个阶段对知识的运用还需要经过大脑的思考，处于不是特别熟练的状态；第四种状态是无意识有能力，已经进入一种不需要思考就可以做事的状态，是一种非常熟练的状态。当一个人可以熟练地骑自行车之后，在骑行的过程中通常不会想“我”要怎么骑自行车，而是进入一种

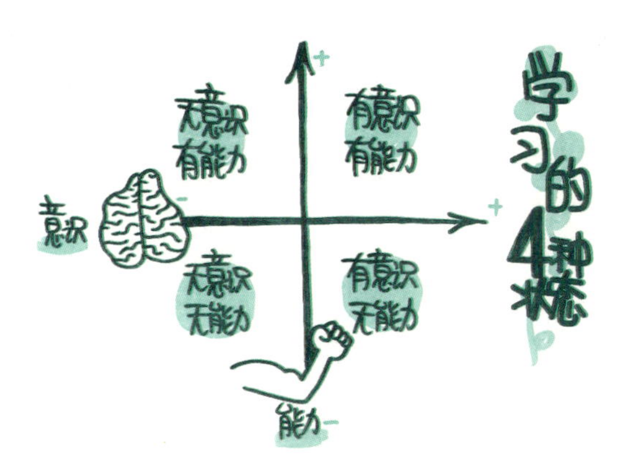

图7-8 学习的四种状态

无意识的状态，可以大脑一边思考其他问题一边骑行。练习能够帮助大家从有意识无能力状态过渡到有意识有能力状态，再经过反复练习达到无意识有能力状态。

而且从学习的过程来看，学习是思维螺旋式上升的过程。脑科学的研究显示，一个人的神经元调取的神经越频繁，突触之间的连接就越强大，这个人也就越聪明。

《刻意练习：如何从新手到大师》这本书写道：学习科学的大量研究表明，成人的最佳学习方式并非独自练习，而是在情境中学习。在情境中学习，就是把知识与现实场景相结合。

前面讲到人们现在普遍认同的是知识分为知识、技能和心态三类。知识类的，不管是概念性知识、陈述性知识，还是流程性知识、原则性知识，都应该以理解并能够用自己的语言复述、判断、比较、分析为主要的练习方向。技能类中的动作技能知识要动手做一做；人际技能知识要在实际情境中思考和选择；智慧技能知识可以大量运用研讨、案例分析等方式来激活新知识。心态类知识可以通过辩论、真人扮演、情景模拟等方式来进行练习，具体的练习方式将在活动设计这一章讲解。

4. 反馈

有一个学员在日本的饭馆吃拉面，他特意闭着嘴不出声地吃，结果吃完之后厨师问他："拉面不好吃吗？"他说："好吃啊！""好吃，你为什么不发出'吸溜'声呢？"原来这个日本厨师希望通过听到"吸溜"声，得到拉面很好吃的反馈。

反馈原来是物理学中的一个概念，是指把放大器的输出电路中的一部分能量送回输入电路中，以增强或减弱输入信号的效应。心理学借用这一概念，用来说明学习者对自己学习结果的了解，而这种对结果的了解又起到了强化作用，促进学习者更加努力学习，从而提高学习效率。这一心理现象称作"反馈效应"。

《刻意练习：如何从新手到大师》这本书非常强调反馈的作用，书中说："刻意练习的任务难度要适中，能收到反馈，有足够的次数重复练习，学习者能够纠正自己的错误。"

线下社群学习之所以具有很大的魅力，与来自当场的学习反馈有很大关系。线下社群学习的反馈是综合性的，除了现场可以知道对错迅速修正之外，来自同伴的陪伴学习、互相鼓励、互相借鉴，以及微笑、拥抱、击掌、掌声，甚至是会心一笑，都会让参与者感受到温暖和力量。

反馈的方法可以是组织者来进行反馈，也可以是组织者发动学员来反馈，还可以是通过小组竞赛的方式来反馈，具体方法见活动设计这一章。

第八章

线下社群学习的各环节活动设计

和线上社群学习相比，线下社群学习一个很突出的特点就是人与人可以面对面，那种温度感是线上社群学习没法比拟的，而且面对面也让学习的活动设计有了更多可能，可以提供更好的学习体验，产生更好的学习效果。

线下社群学习的活动设计按照流程可以分为开场、练习、复习和结课四个环节；按照内容又可以分成知识、技能和心态三个类别。本章重点讲解线下社群学习的各环节活动设计方法。

第一节　开场环节活动设计

一般开场环节分为：导入语、分组、自我介绍、建组、开场活动五部分，其中开场活动（破冰）是最为关键的环节。

1. 导入语

导入语一般是对本次学习活动的主题、目的、意义的简单介绍，包括称谓、欢迎词、主题、主办方、目的、意义、祝福、请出主讲人等内容。有时候开场也会讲一些注意事项。导入语示例如图 8-1 所示。

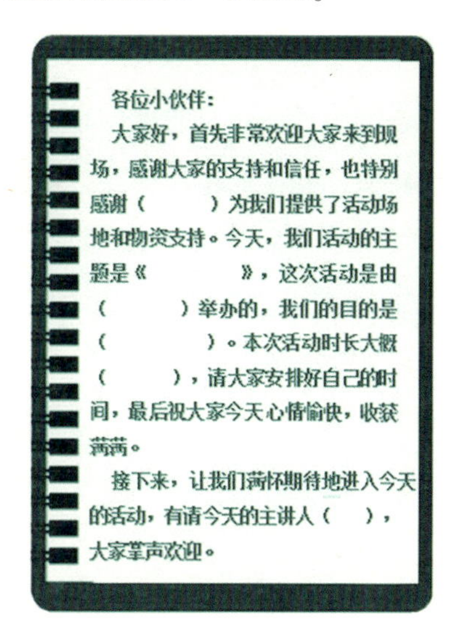

图 8-1　导入语示例

2. 分组

分组可以由主讲人来执行，也可以由主持人来执行，但是分组这个环节必须要有。分组可以让大家在一个比较小的单元里交流、对话，更容易让大家放松下来；一般

4～8人为一组。

分组的方式有很多，比如可以按照现有座位自然分组；也可以按照报数分组（比如一共20个人分4组，可以1234512345循环报数，数字一样的分在一组）；还可以抽扑克牌分组（抽到一样花色的在一组，或者抽到一样牌面的在一组，或者同花顺在一组）；也可以在进门处设置不同颜色的手环或者彩带，领到同样颜色的在一组；也可以在入场的时候发棒棒糖（玩偶），领到的口味（玩偶）一样的在一组；也可以自己制作动植物卡片，相同类别的一组，等等。

分组的原则如下：

①尽量增加趣味性。

②全员参与。

③最好出乎大家预料，效果会更好。

3. 自我介绍

为了让学员可以在一个舒适的环境中开展学习活动，有必要让学员互相认识。关于在组内还是在全体参与者面前做自我介绍，可以视参与人数多少和场地情况而定。如果只有十几个人，可以在全体面前做自我介绍，但是要对自我介绍的时间进行规定，一般每人不能超过一分钟；如果超过20人，则在全体面前做自我介绍就不是很妥当，第一，浪费时间，第二，大家也不容易记住，第三，并不能有效地促进人际连接。所以当人数较多时，可以安排大家在组内做自我介绍，互相认识。

自我介绍的方法也有很多，可以是每组成员轮流口头做自我介绍，也可以采取绘画的方式或者书写的方式来做自我介绍。

（1）自画像自我介绍

让学员在纸上画出自己的自画像，写上自己的名字、职业、爱好，以及对本次活动的期待。大家画好之后在组内做自我介绍。自画像的方式有非常多，可以根据主题需要多创造，这里介绍两种自画像方法，如图8－2、图8－3所示。

图8－2 自画像方法一

图8-3 自画像方法二

（2）四（六、九）宫格自我介绍

这种方法是在纸上画一个四宫格（或者六宫格、九宫格），在格子里写上你想让参与者做自我介绍时涉及的问题，参与者写好之后，在群内进行交流，如图8-4所示为以四宫格自我介绍开场的示例。

图8-4 以四宫格自我介绍开场

（3）隐喻自我介绍

以某种自己喜欢的小动物、植物或者喜欢的一本书作为开场来介绍自己，再讲出期待通过本次培训得到的收获。

（4）寻人游戏

把寻人游戏工作表发给每一位学员，让每位学员以最快的速度找到与表格中内容相匹配的人，并让其在表格中签名，每人只能签一个格子。最先获得全部签名或在规定时间内签名最多者为胜利者，培训师应准备一些小礼物作为奖品。如图 8－5 所示，游戏的具体内容可以根据需要设定。

图 8－5 寻人游戏

以上自我介绍的方式都可以尝试，并且可以自己重新进行设计，只要掌握好自我介绍的基本原则即可。自我介绍的基本原则有以下几个。

①严格控制时间。

②保证每个人都有发言的机会。

③尽可能扩大自我介绍的范围。

4. 建组

为了提高参与者的参与热情，还要建组。建组通常在自我介绍之后进行，也可以根据情况安排在自我介绍前面。建组包括起组名、建立组内文化、组内人员分工等。

（1）起组名

起组名的主要目的是确定一个共同的奋斗目标，可以用全组的共同特征起组名（比如“00后”队、我是女生队等）；也可以用目标做组名（比如夺冠队、勇士队）等。

（2）建立组内文化

文化一旦约定，就会使成员有共同的价值观和共同遵守的规则。建立组内文化时，可以让参与者绘制小组LOGO，设计小组的口号（也叫队呼）；也可以设计一个小组的庆祝动作；还可以设定小组的规则。

建立组内文化要注意的是：一是控制时间，一般1.5～2个小时的学习活动，建议花在自我介绍和建组上的时间控制在10～20分钟；二是保证全员参与；三是促使参与者建立起共同认同的价值观。

（3）组内人员分工

包括选组长和人员分工两个部分。

选组长的主要目的是加强对各组学习活动的组织。选组长的方式有很多种，可以全员选举；也可以按照年龄确定，比如年龄最小的或者年龄最大的担任组长；还可以按照生日、工龄确定组长；还可以按照个人特征确定组长，比如衣服花色最多（最少）的担任组长、头发最长（最短）的担任组长、个子最高（最矮）的担任组长；还可以抽扑克牌选取组长；还可以按照姓氏字母顺序或者笔画多少排序确定组长；还可以按手机号码加起来数字最大或者最小的当组长等。选组长的形式非常灵活，也很能制造欢乐的气氛。

人员分工也就是给其他的学员安排角色，主要是让每个参与者都带着具体任务和职责参与学习，避免溜号和“少数人学、多数人看”的情况发生。可以让组长以外的学员担任“记录官”“发言官”“计时官”“拍照官”等。方式可以是自愿，也可以是组长指定，还可以做成纸条进行抽取。

5. 开场活动

开场活动的主要目的是破冰、建立人际连接及导入主题。

不管是一个单位组织的线下社群活动还是一个发起者发起的线下学习活动，不管是熟人还是陌生人，都需要有破冰活动来打破现场的尴尬气氛，让场子“热”起来，让大家从身体上和心理上进入学习状态，并且在这个过程中互相认识，建立一个相对放松的“熟人小社会”，再慢慢进入主题。

开场活动设计的原则：一是全员参与，二是让学员的身体尽量能够活动起来，三是要打破学员之间的隔阂，四是与主题相关。为了节省时间，可以把自我介绍与开场活动结合起来。开场活动的方式主要有以下几种。

（1）研讨开场

研讨开场是小组用任务讨论的方式作为开场。比如可以设计这样的研讨问题：“今天的主题能带给大家什么价值？如果不了解这个主题会给大家带来什么损失？”这是非常好的开场，不仅让学员变得熟悉，还能激发学习热情。

下面以“他人的力量”社群学习活动中的开场活动为例，来介绍研讨开场活动的步骤。

①请学员一对一交流：对你影响最大的那个人是谁？他给你带来了什么样的影响？请概括一下他的特征。

②请学员讨论：你现在希望什么样的人来引领你？他的特征又是什么？

③让大家在组内概括一下对自己的人生产生影响的是什么样的人。

④每组在全体学员面前分享研讨成果。

研讨开场的基本原则如下：

①研讨的问题一定是与主题相关的。

②研讨问题的设计一定是有梯度的，以参与者好理解、特别是参与者感觉有话说的问题作为研讨的开头，再慢慢引申进入比较难的问题。

③为了让参与者都能说话，愿意表达，最开始的时候可以在小范围内研讨，缩小小组的范围，比如一对一交流或者三四个人一组交流。

（2）视觉引导卡片开场

用视觉引导卡片做开场活动也是一种比较普遍的做法，可以在网上购买一些视觉引导卡片或者隐喻卡片，每个小组发一些卡片，然后给出一些问题，让大家寻找对应的卡片，并在组内进行分享。

下面以“关键对话”社群学习活动为例来介绍基本流程如下。

①给各组发放视觉引导卡片。

②提出问题：当你被语言激怒的时候，你的内在感受是什么？哪一张卡片能够代表你内在的感受？为什么？

③选好卡片之后，给组内成员分享你的卡片和选择的理由。

④请每组选出一位小伙伴在全体学员面前进行分享。

视觉引导卡片的好处是让很多隐匿的想法和情绪可以被“呈现”，被“看见”，具象化，并且可以了解别人的想法和情绪。这个过程既可以让学员动手来选择卡片，让身体动起来，也可以很好地激发起学员的好奇心和参与感。

视觉引导卡片开场的原则如下：

①原则上每组卡片的数量应该超过该组人数，最好每个人可以找到一张相应的卡片。如果卡片的数量不够，也可以让小组进行讨论，共同选出一张。

②问题的设计一定要关联课程主题，比如对于沟通课，可以设计这样的问题：你觉得哪张图片能够代表你在与领导沟通时的感受？这样就使思维和感觉显性化、可视化，让交流更有趣，也更顺畅。

③如果没有视觉引导卡片或者场地条件不允许分组，或者人数实在太多，则可以考虑选择一些图片放在 PPT 上，让学员选择并且两两之间分享，也可以达到同样的目的。

（3）秘密树洞开场

秘密树洞开场是给所有人一个匿名提出问题，并且窥见别人的困境，激发自身智慧回答问题的机会。通常来讲，人们对自己的问题都感觉很难解决，甚至无解，但是对别人的问题却都有一些有价值的建议，因此秘密树洞开场可以营造一个非常好的智慧流动场域，激发思维。

基本步骤如下：

①请参与者围绕主题写出自己的困惑或问题，在每张纸条上写一个困惑或问题。

②请参与者把问题投到一个树洞或者纸箱里面。

③请每个人抽取树洞中的一个问题。

④请参与者针对抽取到的问题给出建议，也可以待学习活动结束之前，请每个人抽取一个问题，并且结合所学知识给出建议。

秘密树洞开场的原则如下：

①选定的问题应该是大部分参与者都有所了解的问题。

②具体抽取多少个问题，视现场时间长短而定。

③为节省时间，可以限定每个人的发言时长。

④充分尊重每个人的想法，无论参与者给出的建议是否适当，都给予鼓励。

⑤为提高现场效率，还可以对流程进行重新设计。比如把问题都贴出来，请参与者投票选出3～5个最想解决的问题，然后针对这些具体问题给出建议。

（4）提问举手开场

提问是线下互动非常常用又简单有效的开场方法。

尽量用一些简单的问题作为开场，这样可以避免冷场。比如在“你为什么不道歉”这场社群活动中，就可以用这样的方法开场：“回忆一下，上个月没有道过歉的人请举手；3 个月内没有道过歉的人请举手；请给你的伙伴道个歉，顺便互相认识一下。”

提问举手开场的原则如下：

①尽量用一些简单的问题作为开场，这样可以避免冷场。

②问题的设计应该是由浅入深、一步步启发参与者。

③尽量使用选择题而不是问答题。

④为增加趣味性，可以要求参与者花样举手，比如第一个选项举左手、第二个选项举右手等。

（5）身体占位开场

开场活动最好能够让大家的身体活动起来，尽量避免让大家坐在椅子上，可以用身体占位的方式。比如在地上贴上纸条，标注上体温计一样的刻度，然后让大家根据自己当前对内容的感兴趣程度寻找自己的位置；还可以出一道题，设定几个选项，让大家用身体占位的方式来进行选择。

身体占位开场的原则和注意事项如下：

①场地尽量宽敞。

②人数不能太多，超过 30 人就不好控制。

③给出的选项尽量明确，避免出现歧义。

第二节　练习环节活动设计

前面讲到在学习活动中一定要有强化环节，否则很难实现参与者与新知之间的连接，那么练习和反馈就是非常好的强化环节。

根据知识点的不同，采取的练习方式也是不同的。对于具体的动作技能，安排具体环节让参与者动手练习就可以。但是对于很多抽象知识，在练习的安排上就要进行精巧的设计了。

线上社群学习中的练习应遵循以下几下原则。

1. 阶梯设计原则

希望读者可以记住一句话：社群学习是为了减轻参与者的学习负担，而不是为了增加参与者的学习负担。所以在设计练习环节的活动时，要由浅入深、由简入繁、由易入难，如同登山一样，帮助参与者一步步从山底攀登至山顶，而不是一下子就向参与者抛出一个很难的问题，让参与者无从下手。

比如在“高效演讲”线下社群活动中，学习完之后要做练习，是直接给参与者一个主题让他们完成演讲框架的搭建，还是设计一些环节，让任务变得更容易实现呢？如果学习之后，马上完成一个直达“山顶”的练习，就像让你在3分钟之内从山下跑到山顶一样，是很困难的。因此要给参与者安排一个个台阶，让参与者拾级而上，一步一步抵达山顶。所以，在这个环节中设计了三个台阶：

①改错。先给出一个有瑕疵的演讲稿案例，让参与者挑毛病。

②修改。让参与者在有瑕疵演讲稿的基础上进行修改。

③给出一个类似的主题，让参与者在组内进行研讨并写出演讲稿。

④给出一个差别比较大的主题，让参与者独立书写。

通过这样的阶梯设计，减轻参与者的学习负担。

2. 明确设计原则

有一些知识很抽象，仅仅学习完就让参与者做练习，会让参与者感觉迷茫，所以可以让练习的问题更明确。比如GROW模型的练习，一般初学者很难把握，这个模型可以将抽象的问题具体化、明确化，为方便练习，可以设计

以下这些问题。

（1）Goal，确定目标

①你希望通过学习沟通课实现什么目标？

②如何来量化这一目标？

③你想在什么时候实现这个目标？

（2）Reality，核实现状

①你现在在人际关系方面有哪些困惑呢？

②你觉得造成困惑的原因是什么？

（3）Options，选择方案

①在提高沟通能力方面，除了学习你还采取了什么办法？

②你觉得老师讲的哪个方面对自己的启发最大？

（4）Will，意愿

①这些方法中，你最想使用哪种方法？

②本周你会采取什么措施来实现目标呢？

这样的方式让练习更加具体、便于操作，参与者在练习的时候才不会感到茫然失措，才能快速掌握基本方法。

3. 动作拆解原则

有一些知识涉及几个动作或者程序，为了帮助大家理解，可以先练习单一动作，再进行组合练习，这样能够帮助参与者减轻认识负担，提升自信。比如“能力陷阱”线下社群活动中有一个知识点是“成为一名优秀领导者的进步阶段”，里面讲到了成为领导者可能经历的五个阶段：发现差异、只加不减、混乱迷茫、重新设定前进方向、内在化。这五个阶段如果放在一起练习对于参与者来说太难了，最好单独练习每一个阶段，再把它们组合起来。

第三节 复习环节活动设计

复习是把学过的知识在头脑中再提取一次的过程，这个过程非常重要，可以说未经自己头脑加工过的知识都不是自己的知识，甚至可以说没有经过提取的过程就没有实现真正的学习。复习的方法包括以下几种。

1. 填空法

这种方法是在刚刚看完一段知识点讲授的视频之后，

把里面的关键词省略，让参与者填空。因为人们天生有探索未知的欲望，空格可以促进人们对知识的提取。学习概念性知识、陈述性知识和原则性知识的时候尤其需要如此。

比如可以设计这样的复习“开场活动的主要目的是破冰、建立人际连接及（　　）”，让参与者填空。

2. 连线法

这种方法是用连线的方法把知识点和问题连在一起，这种方法比填空法更简单，更容易让参与者建立信心，在学习一些比较复杂的知识点时可以用这种方法。

比如将下列知识点与所属知识类型连线，如图 8－6 所示。

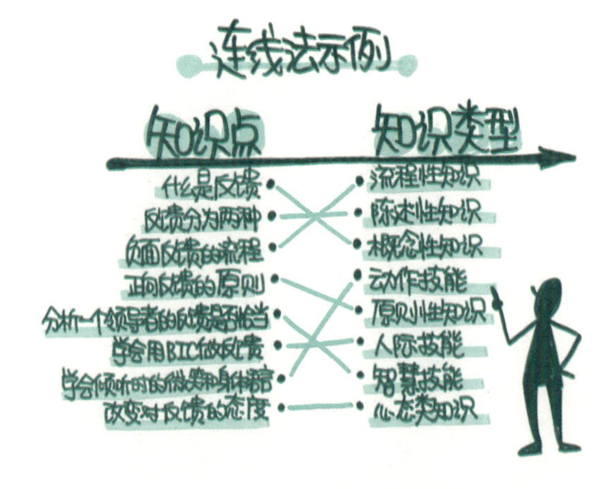

图 8－6　连线法示例

3. 判断对错

对于一些容易混淆的知识可以用判断对错来进行分辩。

比如在“你就是孩子最好的玩具”线下社群活动中，可以在观看讲解之后，列出一些知识点让大家来做判断，如图 8－7 所示。

图 8－7　判断对错示例

4. 小纸条复习

小纸条复习是主讲人事先制作好一些问题，参与者可以抽取小纸条，并且回答上面的问题。如果可能的话，最好有奖励。

5．快问快答

快问快答是在 PPT 上呈现一些问题，看参与者谁回答得更快的一种复习方式。既然是快问快答，问题和答案就尽量短小精悍，而且要保证有一定数量的题目，设定一定的时长，如果能够采取竞赛形式，则参与者的热情会更高。

6．小组互相出题

这种方法是让每个小组出 3～5 道题写在小纸条上，写上自己的组名，老师统一收集上来混合在一起，再让各个小组抽题来回答。答对的有奖励，如果没答对则给出题组奖励。这样的复习方式，参与者是非常乐意参与的，而且参与者在出题的过程中，对内容进行了复习，为了战胜其他组的成员，每一组的成员都会非常努力，现场的气氛通常比较热烈。

7．复习接龙

这种方法就是参与者依次轮流说出记忆深刻的知识点，直到说尽为止。这种方式可以从一个参与者开始，按照顺时针或者逆时针的方向进行，每个人一次只能说一个知识点，已经说过的知识点不能重复，没有说出来知识点的参与者可以淘汰，不再参加，直到所有参与者都说不出新的知识点为止。

8. 身体模仿

可以让所有参与者围成一圈，一个人做一个动作，说出一个知识点，然后其他人做和他相同的动作，同时也说出同一个知识点。这样依次轮流下去，直到所有人说完为止。

9. 拼图复习

老师事先把所学的知识脉络画在一张图纸上并贴在教室的墙上，然后参与者依次写下让自己印象深刻的知识点，贴在相应的位置上。这样的方式可以让参与者既动身又动脑，非常富有吸引力。

这些复习方式都不复杂，比较好操作，我们不建议采取太难的复习形式。

第四节　结课环节活动设计

结课是在课程结束的时候，对课程进行回顾，激发参

与者行动的环节。这个环节虽然短小，但是对于整个线下社群学习来说至关重要。俗话说“编筐编篓重在收口”，在心理学中，有首因效应也有近因效应，就是人们对事物发展过程中开始和结束时候的印象最为深刻。结课主要包括课程回顾及表彰、赞赏和庆祝两个环节。

1. 课程回顾

不管采取何种方式，结课活动的基本要素至少包括回顾课程知识点、说出感悟或者启发，以及想要采取的行动三个部分。这三个部分的作用分别如下：

①回顾课程知识点，一方面让参与者加深对所学知识的印象，另一方面也可以让他们通过自我总结的方式认可本次活动的效果。

②说出感悟或启发能激发参与者更深层次的思考。

③想要采取的行动是促使参与者对运用知识进行思考，并做出承诺。

这三个部分可以用不同方式呈现。

比如可以用三分法，如图 8－8 所示。

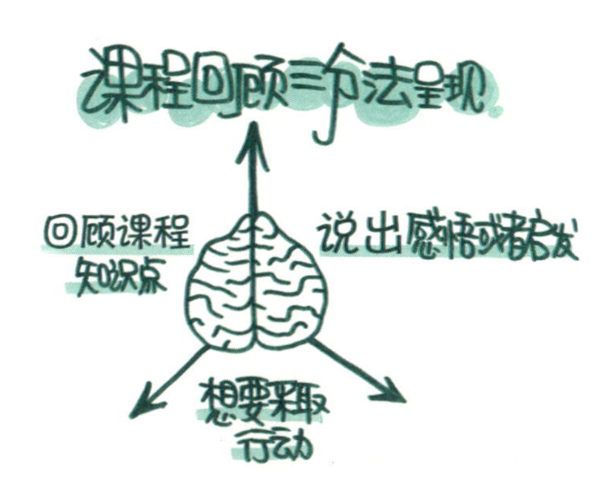

图8-8 三分法

还可以用三角形法，如图8-9所示。

图8-9 三角形法

也可以让参与者用自由绘画的方式进行，只要**知识点**、**感悟**、**行动**三个要素齐全就可以。

2. 表彰、赞赏和庆祝

结课活动如果能够加上表彰、赞赏和庆祝环节就更完美了。

表彰是对各组的分数进行统计，并且对分数高的小组进行表彰的过程，可以制造更好的氛围，激发参与者下一次参与的欲望。

赞赏是给参与者赞美别人及被赞美的机会。可以在组内让大家互相赞美，说出你看出的组内成员的优点，或者你需要学习的地方。也可以给出一定的规则，比如说出从左边的同伴身上学到了什么，这样的安排能使发言更有顺序，避免无人发言或者发言杂乱无章。

庆祝是大家一起庆祝本次线下社群学习活动圆满成功，为下一次社群学习活动打基础。

当然，如果还有下一次线下社群学习活动，还可以发布下一次活动的信息，招募参与者。

第九章

线下社群学习不同内容的活动设计

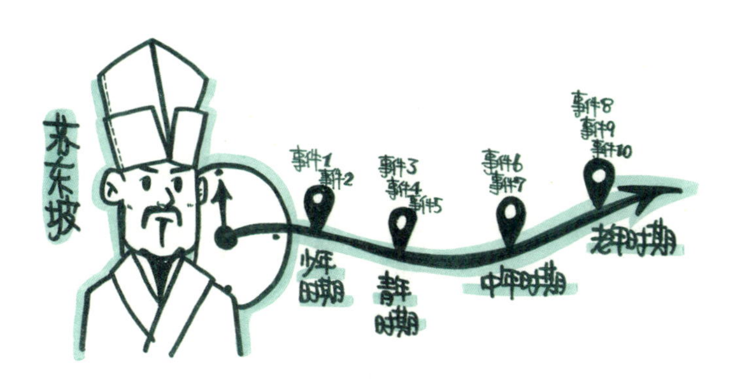

不同的内容，在线下社群学习中不能采取同样的策略，必须依据知识点的不同设计不同的线下活动。

作为线下社群活动的组织者，大家需要掌握一些通用的活动设计方法。

第一节　概念性内容活动设计

概念就是反映事物的本质属性的思维形式，概念比较抽象，理解起来有难度，可以借助一些活动来帮助大家理解概念。

1．自我建构法

这种方法适合没有给出概念之前，让参与者自我建构出概念。

基本步骤如下：

①说出概念，请每个人根据自己的理解写出三个与概念相关的关键词。

②在组内研讨，每组确定大家认同的可以解释概念的三个关键词。

③每组用这三个词组成句子来解释概念。

④各组将本组的关键词贴在引导布上，进行分享。

⑤组织者对大家的成果进行总结，给出概念。

这种方法的好处在于概念不是老师强加给参与者的，是参与者自我建构出来的，这样使参与者对概念的理解更深入。

比如，在讲授“学习活动”这个概念的时候，我们就不是直接给出概念，而是让学员自我建构，如图 9 - 1 所示。

图 9－1　自我建构法示例

具体操作步骤是：各组在本组研讨的基础上，给出三个关键词，把这些关键词贴在引导布上。学员给出的关键词如下：

学员　分享　互动　交流　主动　参与
知识　改变　收获　能力　赋能　提升
练习实践　组织者　改变行为

经过观察把上述词汇分成三类，一类是对象，一类是方法，还有一类是效果。按照三类进行归类，整理结果如表9－1所示。

表9－1　词汇分类概括

对象	方式	效果
学员　组织者 知识	互动　交流　主动 参与　练习实践 分享	收获　改变　赋能 提升　能力　改变行为

用学员给出的词语造句，连成句子对“学习活动”进行定义，可以是这样的：学习活动就是组织者、学员在学习知识的过程中，通过互动、交流、参与、练习实践、分享等主动的学习行为，收获知识、提升技能、改变行为、

为自己赋能的过程。

这样共创出来的定义，相对于简单的讲解，使参与者的印象更为深刻，而且也更有成就感，参与者的感受更好。

2．隐类比法

这种方法适合已经知道概念，需要进一步理解概念的情况。

基本步骤如下：

①给出概念，并进行解释。

②给出与概念相类似的事物或者概念。

③邀请参与者用相似的事物或者概念做类比。

比如在学习“教练”这个概念的时候，我们就曾经让参与者将其与助产士、老师、导演、

催化师等几个概念进行类比。这种方法能够把抽象的事物变成大家更容易理解的事物。

3．启发法

这种方法适用于已经知道概念，需要对概念进行引申并且与实际相结合的情况。

基本步骤如下：

①给出概念的解释。

②请参与者写出或者说出：这个概念给你什么样的启发？

③请参与者写出或者说出：你准备怎么应用这个概念？

④参与者可以在组内进行分享。

比如在“行为设计学”社群活动中，当解释完“峰值体验”这个概念之后，可以让参与者写出这个概念给他什么样的启发，以及他准备怎么应用这个概念，然后让参与者们在组内进行分享。

第二节　流程性内容活动设计

流程性内容是有一定顺序的知识的排列，其关键点在于排列顺序不能错，这类内容活动设计的重点在于让参与者记住过程。

1. 卡片填空

这种活动方式难度相对较低，不会打击参与者的积极性。

基本步骤如下：

①先制作一个流程图，其中有一些位置空出来，不填写内容。

②将缺少的内容制作成一张张卡片，每项制作一张卡片。

③将卡片发给参与者，让参与者把自己手中的卡片贴在流程图相应的位置。

④主持人做讲解或者组织参与者观看视频。

2. 卡片自由探索

这种方式难度较大，但是更能激发参与者的好奇心和探索的欲望，更有趣味性。

基本步骤如下：

①将整个流程的内容制作成卡片，每个流程节点制作成一张卡片。

②将卡片发给各组，请各组排定卡片顺序。

③各组展示自己的卡片顺序。

④主讲人点评、讲解或者组织参与者观看视频。

3. 挑错法

这种方法是事先准备好一个流程，请参与者挑错，既能激发参与者的兴趣，又能检验其对流程的熟悉程度。

基本步骤如下：

①将整个流程按节点制作成一张张独立的卡片。

②主讲人将卡片粘在引导布或者白板纸上，顺序要尽量杂乱一些。

③请参与者挑毛病，看看哪些顺序是错误的。

④经过大家共同努力，形成正确的顺序，主讲人讲解或者组织参与者观看视频。

4. 还原法

这种方法是请参与者按照自己的记忆对流程进行复原的过程。

基本步骤如下：

①提前制作好流程卡片。

②组织参与者观看视频或者主讲人讲解顺序。

③请各组按照记忆对卡片顺序进行排列。

第三节　陈述性内容活动设计

陈述性内容的信息量较大，有些信息之间不存在明显的逻辑关系，需要死记硬背的内容比较多，学习活动设计的目的就是增加记忆和理解，可以采取以下几种方式帮助参与者理解和记忆。

1. 时间轴法

这种方法比较适合具历史回顾性质的陈述性内容。

具体步骤如下：

①主讲人在纸上绘制一个时间轴，可以是纵向，也可以是横向。

②将不同时间段发生的重大事件制作成卡片。

③请参与者将卡片放在时间轴相应的位置上。

④主讲人讲解或者组织观看视频。

当然这个过程是可以调整的，比如把卡片随意摆放在时间轴上，请参与者挑错。

比如在“苏东坡传”线下社群学习中，为帮助参与者理清苏东坡的生平，就用了时间轴法，如图 9－2 所示。

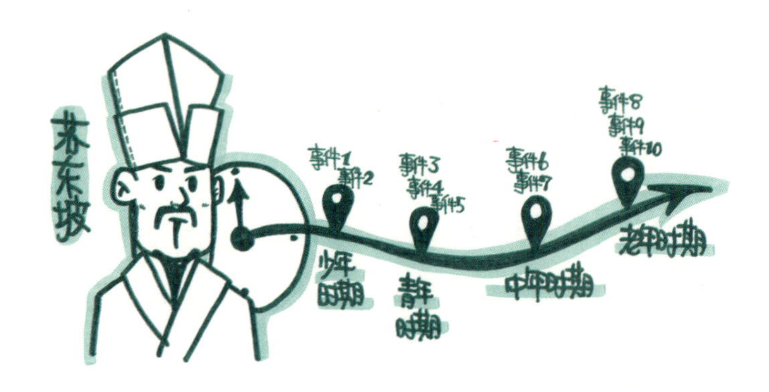

图 9－2　苏东坡生平时间轴

2. 图示法

图示法既可以是金字塔图也可以是思维导图，在绘图的过程中对知识点进行梳理。

基本步骤如下：

①主讲人将学习资料打印好。

②给每个小组发一份学习资料（也可以将一份大的学习资料拆分成若干份小材料，发给各组）。

③请各组组员阅读学习资料。

④请各小组画出本组学习资料的结构图或者思维导图。

⑤请各小组派代表讲解。

比如在“即兴演讲”线下社群学习中，在学习“讲话脚本模板”这部分内容之前，请参与者阅读资料，并画出思维导图，如图9－3所示。

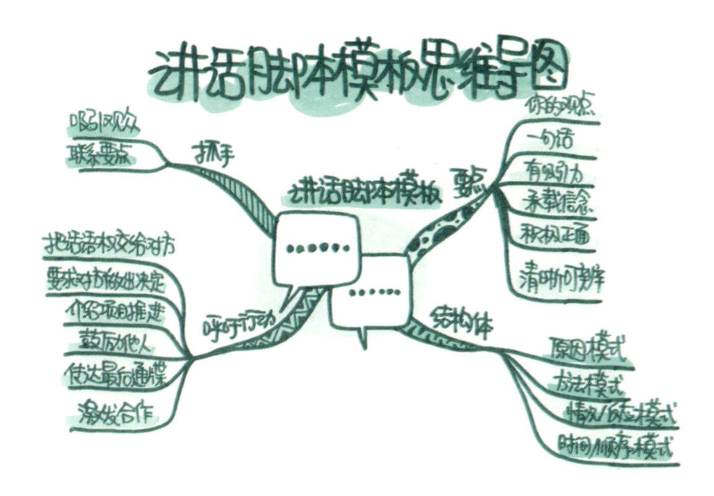

图9－3 讲话脚本模板思维导图

3. 转述法

转述法是用自己的语言将知识复述一遍的方法，这样的方法可以促进知识记忆和内化。

基本步骤如下：

①每个人领取一部分学习内容。

②每个人用自己的语言对内容进行复述，并增加案例，以便于其他参与者理解。

③组织者总结、讲解。

比如在“幸福的婚姻”线下社群学习中，组织者给参与者发放资料，让7位参与者结合自己和身边的案例分享对幸福婚姻“7个法则”的理解。

4. 比较法

比较法适应于两个事物有相似之处、需要区分的情况。

基本步骤如下：

①给出两个事物，请各组参与者每人单独书写，罗列二者的区别。

②各组将收集上来的信息进行分类，形成自己的观点。

③每组派代表分享讨论成果。

④组织者给出正确答案。

比如在“未来学校”线下社群学习中，组织者就邀请参与者对现在的学校和未来的学校进行了比较。

第四节　原则性内容活动设计

原则性内容也比较抽象，原则的掌握重在运用和理解，下面介绍以下三种方法。

1. 案例分析法

案例分析是非常好的教学手段，能够让参与者在情境中运用并体会知识点。

基本步骤如下：

①主讲人讲解知识点，也可以收听或者收看知识点讲解。

②给出案例，分组研讨该案例运用了哪种原则。

③各小组分享研讨成果。

④主讲人讲解。

比如在“你为什么不道歉”线下社群学习中，给出某个明星的道歉信，让参与者分析这封道歉信符合道歉的哪些原则，不符合哪些原则。

2. 编写案例法

编写案例法比案例分析法对知识运用的要求更高。

基本步骤如下：

①主讲人讲解知识点，也可以收听或者收看知识点

讲解。

②请各组围绕全部或者某个原则编写一个案例。

③请各组交换案例。

④各组研讨分析交换到的案例运用了哪些原则。

比如在“反脆弱”线下社群学习中，针对“过度补偿”这一原则，请参与者编写案例，并进行分析，如图9－4所示。

图9－4 “反脆弱”线下社群活动现场

3. 原则运用法

原则运用法是将原则应用于现实的方法。

基本步骤如下：

①给出一个原则，并对该原则进行讲解。

②请参与者运用该原则来讲解一个现实问题或者运用该原则进行练习。

③组织者或者学员进行点评

比如，在“高效演讲”线下社群学习中有一个“七秒法则”，在对这个法则进行讲解之后，要请参与者用“七秒法则”设计自己的演讲，并分享，其他参与者再点评。

第五节　技能类内容活动设计

前面讲到技能分成人际技能、智慧技能和动作技能，我们可以设计一些活动来帮助参与者掌握这三种技能。

1. 选择题

基本步骤如下：

①设定一个与知识点相关的情境，并且提出一个有争议的问题。

②给出关于问题答案可能的几种选项。

③请参与者讨论并做出选择。

④主讲人讲解。

需要注意的是，选择题可能有标准答案，也可能没有标准答案，重要的是让参与者在讨论的过程中激活学到的知识。

2. 情景模拟法

智慧技能和人际技能都是需要放在一定情境中才能理解和掌握的技能，真人扮演的情景模拟能够使参与者置身于情境之中，并且通过体会角色的心情、看到别人的反应来体会知识点。

基本步骤如下：

①给出一个情境或者一个人际技能的知识点。

②请各组自行围绕情境或者知识点设计一段小品。

③各组分角色演出。

④演出结束之后，参与者分享感受和收获。

比如在讲解 FABE 法则后，可以给出一个销售的情境，让参与者围绕这个情境设计小品，分角色出演并点评。

3. 实操法

实操法是让参与者自己动手做一做、试一试，体会一下。

这样的动手操作的基本辅导方法是：

①讲给他听。

②做给他看。

③让他做做看。

④给予反馈。

比如在“沃顿商学院最受欢迎的谈判课”线下社群学习中，在讲到“实现利益最大化模式”（四象限谈判模式）的时候，首先为他们演示了如何制作这四个象限的内容，然后邀请参与者围绕退货谈判自己完成四象限谈判模式，最后组织者对练习结果进行了点评。

第六节　心态类内容活动设计

心态类内容要让参与者有所感悟，至少在思想上要有一些改变，这种改变具有隐匿性，所以需要一些活动把心

态的改变显现出来。

1. 感悟画像法

这种活动能够把隐匿的感受通过绘画的方式让自己和他人看见。

基本步骤如下：

①主讲人讲授，或者组织参与者观看视频、收听音频，总之要得到一个观点。

②参与者在听到这个观点后把自己的感受和启发画出来。

③在组内分享自己的感受和启发。

④选出学员代表在全体学员面前进行分享。

⑤主讲人做总结。

比如在“亲密关系”线下社群学习中，分别让参与者画出对于亲密关系四个阶段自己内心的画面，并分享感受，在分享的过程中，很多参与者都热泪盈眶，感触非常深。

2. 访谈法

访谈法是指像记者访谈一样，深入探索对方内在想法的过程。

基本步骤如下：

①主讲人讲授，或者组织参与者观看视频、收听音频，总之要得到一个观点。

②参与者两两一组互相采访，询问对方对观点的看法和获得的启发。

③采访者在组内汇报同伴的看法和启发。

④选出学员代表在全体学员面前进行分享。

比如在“亲密关系”线下社群学习中，在观看了“月晕现象”视频之后，让参与者一对一互相采访对方的恋爱经历。

3. 辩论法

俗话说：理不辩不明。当参与者对某个观点存在异议的时候，可以通过辩论来达成一致。

基本步骤如下：

①组织者给出一个辩论的主题，围绕辩论主题给出两个或三个观点。

②参与者选择自己支持的观点，并组成辩论小组。

③每个辩论小组派一名代表阐述自己的观点，至少经过三轮辩论。

④辩论结束之后，请参与者再次选择自己的观点。

比如在“增长黑客”线下社群学习中，组织者请参与者围绕“是否一定要卖好产品”进行讨论，如图 9－5 所示。

图 9－5 “增长黑客”线下社群学习现场

4. 角色互换法

这种方法是指用角色扮演的方法体会并改变态度。

基本步骤如下：

①请参与者扮演对方的角色。

②以对方的模式或者态度来处理问题。

③活动结束之后，请参与者分享感受。

比如在“你就是孩子最好的玩具”线下社群学习中，邀请一位参与者扮演孩子，其他人扮演他的妈妈，每个人对孩子说一句平时会伤害孩子的话，最后让孩子的扮演者谈体会。

第十章

线下社群活动的实施

线下社群活动的设计固然重要，但是只有通过实施才能将知识落地转化为成果，因此实施的过程也非常重要。

线下社群活动的实施包括活动前准备、活动中实施和活动后总结三个阶段。活动前准备包括调研、学员招募、主讲人准备、场地准备、设备物料准备等环节；活动中实施包括签到、暖场、活动过程和拍照等环节；活动后总结包括撰写活动记录文案、参与者反馈调研、复盘等环节。

第一节　活动前准备

活动前的准备工作非常重要，甚至可以说做好准备工作，学习活动就成功了一半。

1．调研

活动前的调研主要是了解学员的基本情况，包括年龄层次、知识结构、问题困惑等，可以采取网上调研或者现场调研的形式。网上调研可以使用小程序，在报名的同时发送调研问卷的链接，请对方填写。现场调研既可以现场发问卷，当场填写；也可以采取主讲人提出具体问题，参与者举手的方式；还可以给参与者当场发纸条，让他们把自己的问题和期待写下来。不管是在线上做调研还是当场做调研，调研对活动的满意度至关重要，不要省略。

线下社群学习活动前调研表如表10－1所示。

表10－1　线下社群学习活动前调研表

线下社群学习活动前调研
参训学员基本情况： 职务级别（人数）：基层（　　）；中层（　　）；高层（　　） 年龄层次（人数）：20～35岁（　　）；36～45岁（　　）； 46岁以上（　　） 学历层次（人数）：大专及本科（　　）硕士（　　） 硕士以上（　　）
目前存在什么突出问题或者困惑是什么？（请列举2～3个具体案例，以便于课程讲解更有针对性）

2. 学员招募

学员招募是比较复杂，难度也比较大的事情，对于企业内部组织的线下社群学习活动可以通过发通知的形式招

募，对于零散的参与者则需要一定的文案或者活动通知来进行招募。

3. 主讲人准备

线下社群学习活动一般采取双师模式，即一位在屏幕里或者线上的老师，一位在现场做辅导的老师，这里的主讲人通常是指在线下做辅导的老师；当然，也有两位老师都由一位现场的主讲人来担任的情况。不管是哪种情况，主讲人都要做充分的准备。

①**要充分熟悉并理解内容**。俗话说：给人一碗水，自己要有一桶水。一个好的主讲人应该在主讲领域有一定造诣或者至少应该对主讲领域的知识比较熟悉并且有实践经验，这样才能够驾驭一次社群学习，否则很容易在活动过程中出现控制不住场面的情况。

②**制作现场活动的 PPT**。尽管很多线下社群学习是双师模式的，主要的知识点都在线上或者视频中，但是为了帮助参与者理解并且记忆整个课程的逻辑，还是需要额外制作活动的 PPT，而且这份 PPT 还可以提示主讲人要讲解的内容。

③**不同知识点的学习设计**。屏幕上或者线上的老师主

要负责知识的传授，而知识的吸收、理解、运用主要靠现场的主讲人来完成。因此主讲人要掌握学习活动的规律和方法，能够自主地设计不同知识点的活动，把学习过程变得更丰富，使学习效果更明显。同时把整个课程过程以授课指导手册的形式写下来，便于课程掌控。

④**学员疑问的应对解答**。在现场，学员会有很多问题想要交流、获得答案，如果提问不能够被解答的话，会给参与者留下权威性不足的印象，会影响整个活动的可信度，因此，主讲人不仅要调研，还要考虑学员可能在现场提出的问题，并做一些应答准备。

⑤**符合需要的穿着打扮**。线下社群学习是面对面的学习，通常学员对喜欢的老师会更加偏爱、宽容和信任，因此主讲人一定要善于打造自己的形象，至少从形象上符合一个主讲人的要求。由于线下社群学习并不是一种非常正式的学习形式，所以不一定要求主讲人西装革履，但是要打造一种亲和、积极、有活力、有知识的职业形象。男士避免穿着短裤、拖鞋，佩戴金项链、手串等；女士避免穿过短、过透、过露或者带有性暗示的服装，应该化淡妆。

4. 场地准备

场地对于营造活动的氛围非常重要，建议选择比参与

者实际消费能力稍微高一点的地方作为活动场地，这样的场地能够让人产生有益联想，参与者会觉得自身的社会地位有了相应的提高，为了与这种社会地位相匹配，参与者会表现得更为积极主动。

场地需要准备好投影仪、音响，并在活动前做好调试。按照分组的需要摆放桌椅，桌椅摆放的时候要保证所有人都能够看到主讲人，并且座位相对宽敞、舒适。

场地最好有饮用水，并且要放置醒目的活动标识、宣传海报及必要的行走路线标识。

5．设备物料准备

线下社群学习需要的物料最好以清单的形式呈现，这样可以避免遗漏。

基本的物料清单应该包括但不限于以下几项：

①投影仪、计算机、手机及充电器。

②HDMI 转换接头、VGA 转换接头、HDMI 长短线。

③U 盘（包含提前下载的视频或者课件）。

④需要的文字材料打印好或者准备好，如果有相关书籍最好带到现场。

⑤现场所需的白纸和笔、告示贴。

⑥条幅、名片。

⑦备用手机电源线。

⑧水杯、相机。

⑨如果有需要演示或者销售的物品，也要带到现场。

第二节 活动中实施

活动中实施包括签到、暖场、活动过程及拍照等环节。

1. 签到

签到是一个活动的开始，也是一个活动留给参与者的第一印象，非常重要。签到一定要正规，可以是在一张设计好的表格上签到，也可以是在一张海报上签到。

2. 暖场

一般到一个新的环境或者场地，人们都会比较拘谨，虽然坐在一起，但是可能各自玩各自的手机，现场气氛仍然是很尴尬的，所以在活动开始之前，最好有一个暖场的环节，暖场之后再请出主讲人。

暖场可以放一些轻松的音乐，讲一点笑话，也可以让

老学员引领新学员，也可以引导参与者看看海报和宣传品。

3. 活动过程

活动过程要按照预先设计好的流程一步一步进行，在活动中需要注意以下几点：

①**不要打击学员**。学员可能有一些言论在你看来不够好，但是尽量不直接否定对方，而是对他们的参与和好学的精神表示真诚的肯定。

②**不要挑战学员**。人外有人、山外有山，有一些学员可能知识、见识都比主讲人广，对有些问题可能也有自己的看法，所以不要企图挑战某一个学员。

③**随时调节学习气氛**。好的学习气氛会形成一种气场，让学员沉浸其中。好的气氛需要营造，要时刻注意观察学员是否愿意参与、是否获得关注、是否处于孤立状态、是否对内容不感兴趣，并针对不同情况采取相应的应对措施。

④**控制活动时长**。一个好的活动要令人意犹未尽，而不是令人疲惫不堪，因此一定要尽量将时长控制在1.5到2小时，不要超时。

4. 拍照

一个好的线下社群学习活动是应该自带传播属性的，就是每个参与的人都愿意转发现场的有关信息，怎么能够让参与者愿意传播呢？每个人都非常关心自己的形象，也都更爱看见自己，因此，要给所有参与者拍照，并且要将照片拍得很美，要记录下他们参与的过程，再将照片文件放在共同的群里，便于转发传播。

拍照时要注意以下几点：

①照片要能够反映出现场的气氛，其他人只要看照片就应该能够感受到现场气氛的热烈。

②拍照要涉及活动的各环节，比如签到、自我介绍、研讨活动、结课等。

③拍照要涉及每个人，在大家的心中都认为自己最重要，人们看到照片的时候，会习惯性地第一时间找里边有没有自己，如果没有就会感到失望，感到没有被重视，因此，拍照范围要广泛，尽量让每位参与者都有影像留存。

④要以终为始，想想活动总结的文案需要配什么样的图片，再选择拍摄的内容和角度。

⑤多拍一些花絮和特写，一个活动好玩有趣的地方往

往在一些细节上，要有一双善于发现的眼睛。

合影也是非常有必要的，选择好位置，拍几张富有创意的集体合影照，也是活动中非常有趣的环节。

合影可以放在开头，也可以放在结尾。

第三节　活动后总结

一次活动的结束是为了下次活动更好地开始，所以现场活动结束了不等于工作就结束了，还要做好撰写活动记录文案、参与者反馈调研及复盘等工作。

1. 撰写活动记录文案

活动记录文案能够帮助参与者更好地了解活动的全过程，还可以通过转发的形式获得更多人的关注，因此每次活动之后，都要撰写活动记录文案，可以以微信公众号文章的形式发放。

一般活动记录文案应该是“有图有真相”，即要有文字表述，更要有大量的图片作为证明，所以在活动实施的过程中，要有新闻意识，记录那些值得记录的、美好的瞬间，为最后的文案撰写积累素材。

2. 参与者反馈调研

一次线下社群学习活动成功与否，组织方说了不算，主讲人说了也不算，参与者最有发言权，因此要听听参与者的反馈。反馈可以用反馈表的形式进行搜集，并且对学员反馈上来的问题进行整改，不断调整活动内容和活动形式。

参与者反馈的内容既包括自己的感受和收获，也包括对活动组织过程及活动组织者的评价。

3. 复盘

复盘对于不断提高活动水平非常有必要，一般复盘要思考的包括以下四个要素：

①我们要达成的目标是什么？

②我们已经达成的目标是什么？

③我们的优势在哪里？

④我们存在的问题是什么？

第十一章 线上线下混合式社群学习及新兴学习形式

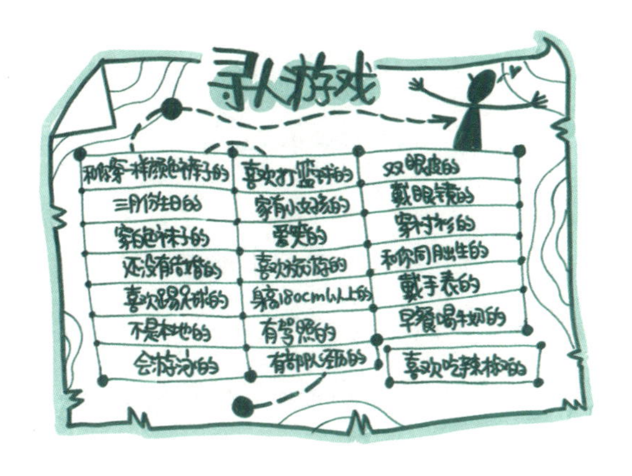

社群学习本身是偏自发的学习形式，利用社群学习的底层逻辑和方法，可以有更多形式上的创新。其目的就是让学习更有趣、更落地，参与性和引导性更强，同时，社群学习还有很多种形式可以尝试。

第一节　线上线下混合式社群学习

线上线下混合式学习类似于翻转课堂。翻转课堂是指重新调整课堂内外的时间，将学习的决定权从教师转移给学生的一种授课形式。在这种教学模式下，知识点的学习主要放在线上，在课堂的宝贵时间内，学生能够更专注于基于项目的学习，共同研究解决现实问题或者解决学习中的疑问，从而获得更深层次的理解。线上线下混合式社群学习是为了让学习更加灵活，让学员的参与度更强。

1. 线上线下混合式社群学习的好处

线上线下混合式社群学习融合了线上线下学习的优点，避免了单一学习形式的不足，主要好处如下：

①让学员由被动学习者变成主动求知者，让学员成为学习的主角。

②课堂更加活跃，学习效果更明显。

③对于接受能力不强的学员可以反复通过视频学习理论知识，规避了在课堂上讲课不能兼顾每一个人的学习进度的弊端。

2. 线上线下混合式社群学习的基本操作流程

线上线下混合式社群学习的基本操作流程如下：

①课前、课中、课后学习活动内容及目标设定。

②场地准备。

③招募文案撰写。

④课前组建线上社群，分发线上学习音、视频内容。

⑤引领线上社群打卡学习。

⑥线下课程学习效果呈现及问题点答疑。

⑦课后做学员课程评估反馈。

⑧课后在群内分发学习内容补充和拓展的线上学习资料。

⑨课后发送下期学习活动的报名链接。

3. 线上线下混合式社群学习的要求

①要求组织者要对学习内容进行合理谋划、精心组织、适时施引，让老师不仅是知识的讲授者，更是教学的组织者。

②线上学习的部分可以参照线上学习活动的设计方法来进行。

③线下社群学习的教学形式要丰富多彩、寓教于乐，但又不失严谨，可以参考前面介绍的线下社群学习活动的设计方法。

④老师的角色会变成主讲人或者教练，需要懂得一定的引导技术。

⑤为了保证学习效果，这样的学习形式对参与者自觉性的要求比较高，这也是最难的一点。在这样的学习中，如果没有线上较为深度的学习，线下社群学习的效果则很难保证，也就失去了意义。

第二节　新兴社群学习形式

沉浸式学习、私董会、观影活动、企业游学是近几年比较流行的新兴社群学习形式。

1. 沉浸式学习

在时代快速更迭、科技快速发展、传统业态面临被迫转型的今天，创新成为永恒的话题，沉浸式光影读书会就是社群学习创新的典范。

当被问到什么是“沉浸式”的时候，或许每个人都有自己的答案。

在《设计的法则》中，沉浸是指让人专注在当前的目标情境（由设计者营造）下感到愉悦和满足，而忘记了真实世界的情境。

沉浸式体验虽是这几年才出现的概念，但在当下已经渗透进各领域。无论运用何种方式，“沉浸式”设计都离不开对人的感官知觉的调动，以及整体氛围的营造。

随着科技的发展和消费升级，其实沉浸式早已用于商业的发展。

（1）沉浸式商业发展的阶段

沉浸式商业是利用人丰富的感官体验和思维因素，营造一种沉浸性的氛围，聚合受众的注意力，强化情感与体验，最终引导消费行为的一种商业新模式，其可分为3个阶段。

1）沉浸式商业1.0：信息沉浸

在这一阶段，商业信息的不断重复输出和大面积的覆盖，制造了一种沉浸感的假象。单一重复的文字或场景营造出的信息侵占，只能是单纯依靠攫取注意力来激发更多的购买行为，成为沉浸式商业发展的开端。

2）沉浸式商业2.0：观感沉浸

从“骑鹅公社”作为一种全新零售业态在天津大悦城落户，再到π工场、时光引擎、摩坊MoreFun166、吾悦民国1927风情街、大悦城“5号车库”等，一系列类似的主题街区与购物中心不断涌现，带给受众更为强烈的沉浸感。

3）沉浸式商业3.0：身心沉浸

在3.0阶段，商业与文化艺术的边界越来越模糊。无论是纯粹的美学空间、多元的主题空间还是延展的叙事空间，依托VR、5G 、AI……创造了人与环境、主观与客观鲜活灵动的关系。

这一阶段的沉浸式商业，不仅仅是视听的结合和美感的享受，更是通过全感官的投入，给予消费者全然不同的体验。

我们带领团队开创了沉浸式+教育的先河，但是这绝不是教育形式变革的终点，未来一定会引入 VR 和全息技术让知识更加鲜活。这是跨界创新的典范，但是目标亘古不变，就是让人多读书、多学习。

（2）沉浸式学习案例分析

推广全民阅读，打造线上听书+线下体验的模式，使得樊登读书深受广大书友的喜爱。大量的书友借由听书、参加线下书友会找到了工作的方法或是生活的方向。这一切基于樊登读书会的特性：以工具书为主，比如《关键对话》《非暴力沟通》《可复制的领导力》等，用翻转课堂的形式让书友积极参与、加强互动、趣味学习，从而有了知识和社交的双重收获。

随着樊登读书内容的更新，目前关于原理类、人文类、历史类书籍逐渐增多。这部分内容对于书友来说同样重要。这类书籍能够拓展参与者的知识面，提升参与者的认知，但是其线下书友活动却出现了争议，因为像

工具书那样做翻转课堂显然不是很契合，如果采取像单人说书一样的形式去呈现又和线上听书没有区别，失去了线下活动的意义。

樊登读书辽宁运营中心大胆创新和践行，将沉浸式理念引入线下活动，通过剧场光影的形式打造了一个沉浸式学习新场景。这是国内首次将沉浸式光影技术用于线下教育场景，算是一次线下教育的场景革命。

目前沉浸式光影读书会对于场地的要求比较高，要求四面都有屏幕，类似一个顶部和侧面打开的“盒子”，通过光影模拟真实场景达到沉浸的效果，通过主持人的语言引导，生动形象地学习并感悟内容的精彩。目前这种模式的开发成本高、周期长，但是随着技术的不断升级和内容的沉淀，不久的将来这一定会成为主流的教育场景。特别是对 K12 大语文的呈现上，它会成为校内语文课的补充和延展。

2. 私董会

私董会是一个专业的管理工具，既要有以总裁教练为首的团队构架，又要有专业的流程工具，具体操作中更有大量的技术诀窍。如果缺乏合格的总裁教练，只是随便将几个老总聚在一起，而没有专业的流程来发散、聚焦、推进讨论，那就不是私董会，而是茶话会、谈心会、机关恳谈会。好多打着私董会名义的机构基本都没办法组建一个有质量的组，不得不滥竽充数，活动的质量自然可想而知，甚至在有的私董会活动中，还出现了教练被赶下去的尴尬。所以，私董会看似简单，实际上却是有门槛的技术活。

私董会的组织流程

1）开场热身

教练进行暖场，以减少陌生感，私董间自我介绍、交流，董秘带领私董承诺并签署保密协议。如果是定期或例行性私董会，则上述流程可缩短或取消，应改为“执行报告”：由上次会议的案主做私董会决议执行情况报告，说明成效或收获。

2）提案表决

每位私董可提交一个自身亟待解决的讨论“议题”，必须是目前正在发生的困扰问题，不能是虚拟、假设或理论性问题。经由全体私董表决后，选出大家都感兴趣的话题。话题通常以投票方式产生，以得票最多的为准。

3）问题陈述

案主向私董们详细阐述问题的具体情况，问题说明有标准的格式：

①我如何____________________？

②这个问题很重要，因为____________________，

③为了解决问题，我已经____________________，

④我希望私董会能帮我____________________。

标准格式的作用是为了让问题变得更加清晰，建议案主应尽量用这种句式阐述自己的问题。

4）探究提问

私董们可以针对问题就不了解的部分向案主提问，帮助大家明确真正的症结所在，在这个阶段私董只能提问，不能做判断或提建议，案主也只能就问题做出回答，不得任意发挥。这个环节很有挑战性，也是最有价值的。教练应引导私董采取“开放式提问”的方式，层层剥开问题的表象，直抵问题的本质，挖掘真问题，抛弃伪问题，并让案主重新面对问题。对问题的甄别和澄清是解决问题的重要一步，往往是思路清晰后，案主也基本找到了答案。

5）悬挂澄清

经过上一轮的提问和回答后，私董们会发现问题背后还有问题，甚至认为案主都没找到问题的核心，私董们可以分组讨论、交流，再向案主提出修改或修正“议题”的建议。这一环节的重点在于帮助案主找到盲区，借助外力重新审视问题的本质。

6）聚焦定见

案主经过自行思考，决定要不要接受大家的建议，重新修正议题，此时案主往往比之前更加明确问题的重点。

7）原因解析

由教练引导或请专家导师出面，针对案主修正后的议题，运用工具或研究理论提出专业分析。不给建议或评判，只指明思考方向、提醒关键要素及相关注意事项。这个环节是教练与引导技术应用的最佳时机，也是目前国内私董会运行过程中较弱的一个环节。

8）建议建言

由私董们向案主提出具体可操作的建议，最好是自己曾经亲历的经验和获得的心得。通过私董自身的现身说法，给案主提供一些切实可行的建议、建言，帮助案主开拓思

路，找到新的解决方案。通过这种推心置腹的讨论，彼此间还能建立信任和友情。

9）总结反思

由案主就讨论进行总结陈词，并给出接下来改进问题的步骤和时间表，最后表达自己最大的收获是什么，以及未来还有哪些可以改进的地方。全体私董也接着一一表达对本次私董会的看法、检讨、收获……最好董秘能在此时通知参会者下次私董会的时间和地点，以利私董们提前安排行程，提高出席率。

私董会显然是一个“道场”，其本质是知识交换。老总们跳出自己的“王国”，以平等的身份加入一个社群里学习，倾听彼此的“故事”，真诚表达自己的观点，帮助彼此寻找问题的解决办法，久而久之，会产生一种身份的认同感。私董会以解决问题为目的，要求参会者组队协同作战，更会让私董伙伴产生一种“战友感情”。从某种程度上来说，这种感情甚至比在工商管理学院做同学形成的连接更加紧密。

3. 观影活动

一些社群经常组织社群成员一起看电影。传统的看电影是散场后就各奔东西，对于社群学习来说，则要在电影结束后安排学习活动，帮助参与者深刻理解电影内容。这种娱乐+教育的学习形式可以同时实现交友、学习、娱乐等多重目的。

观影活动首先要选择一部电影，为了能让参与者有收获，电影要根据观影对象及想要传递的知识进行选择，所以对选电影的要求还是很高的，毕竟电影不是为了授课而拍摄的。

在观影活动中，电影是知识点的载体，为便于讲解，需要主讲人对电影非常熟悉并提前做好功课，可以对其中的某些重要片段进行录制，便于回顾和讲解。

观影活动结束之后的学习环节可以按照 ORID（焦点呈现法）的要素和顺序来进行设计，为便于研讨，可以准备引导布或者便利贴。

ORID 的基本要素包括：O（Objective）代表事实性提问；R（Reflective）代表对此的感受是什么，最喜欢什么，让人感到兴奋的是什么；I（Interpretive）代表诠释性问题，有了感受，自然会去理解，去思考，去比较过往经历，所以就可以顺势问“带给你什么思考或启发”；D（Decisional）代表人们思考后要做一些决定，比如有什么新计划、新行动等。

所以按照 ORID 的结构，可以在观影结束之后，请参与者写下对电影中印象最深刻的情节是什么，这些情节带给他什么样的感受，电影带给他哪些启发，他回去要做哪些改变等。

当然，在学习环节，为了帮助学员更好地理解电影中所呈现出来的一些知识点，主讲人可以为学员讲解一些必要的知识或者补充相关背景。

4. 企业游学

游学（Study Tour）是较为传统的一种学习教育方式。企业家们在游学的过程中，会到各行各业的标杆企业中学习最佳的管理实践，到国际国内的企业创新、时代变革的风口发源地参观考察。在参观的过程中学习并借鉴经验，以便运用到自己企业的管理上，寻求长久发展。

企业游学不只是“游”，也不只是“学”，而是把“游”和“学”结合起来。“游”形成感性认识，“学”则升华为理性认识。要想达到良好的效果，游学也需要经过精心设计。

在“游”的环节，也就是在参观环节，要精心选择路线和讲解词。参与游学的学员不同，关注的侧重点不同，所以要因人而异，选择合适的路线和参观内容。

在“学”的环节，可以设计与标杆企业领导人对话、小组研讨、案例分析、沙盘模拟等环节，帮助学员将参观过程中获得的感悟和启发进行系统梳理。当然，仅仅依赖于学员的感受是不够的，还要安排主讲人从理论高度对标杆企业的成功经验进行总结分析，对其规律进行剖析，以便于学员学习、消化和理解，并且移植到自己的企业。